EN NY BEGYNDELSE

historien om hvordan "Rantzausminde efterskole" blev til Svendborg Efterskole

- demokrati, fællesskab og læring

Forfatter og ide Ole Mandix (Praud).

Tekster og foto er delvis hentet fra skolens 50 års jubilæumsskrift som udkom i 2006, samt Svendborgsskolens 25 år jubilæum.
Artikler fra Fyenske Medier.
Artikler fra Berlingske Tidende.
Artikel fra Børnene og Vi
Samt en tak til Svendborg Byhistoriske Arkiv
Citater fra filmen "Hvad er et menneske uden de andre" om Jakob Andersen af Katrine Jensenius
Artiklen: "Svaret på forældrenes bekymring" er gengivet med tilladelse fra Mikkel Beha Ereichsen.
Artiklen: "Københavner rush" er gengivet med tilladelse fra Cecilie Frøkjær.

Foto:
Egne foto og tekster.
Foto af nyere dato fra registreringen før ombygning.
Foto og citater fra artikler i Fyns Amts Avis.
Foto og citater fra artikler i Fynske Medier
Foto fra internettet, samt Svendborg Efterskole

Forlag: BoD · Books on Demand, Strandvejen 100, 2900 Hellerup, bod@bod.dk
Tryk: Libri Plureos GmbH, Friedensallee 273, 22763 Hamborg, Tyskland

ISBN: 978-87-7114-351-5

Denne bog er skrevet som en hyldest til Birte og Jakob Andersen som oprettede Rantzausminde Efterskole og til den helt specielle læring og pædagogik som Rantzausminde Efterskole stod for, samt hvorledes Rantzausminde Efterskole blev til Svendborg Efterskole. (En læring og pædagogik som vi håbede at kunne genskabe da vi flyttede skolen til den gamle SID kursusejendom).

Jeg gik selv på skolen i 1967/68 og var fra 2006-2015 bestyrelsesmedlem og bestyrelsesformand. Bogen handler hovedsagelig om disse perioder.

Det var Jakobs pædagogiske linje og ideer, som skolen blev drevet efter frem til 2013, en linje, hvor elevdemokrati havde første prioritet.

Jakob Andersen, der både var teolog, pædagog og filosof, oprettede skolen i 1956. Skolen var en reaktion mod datidens autoritære skole. Jakob Andersen var gift med Birte der deltog aktivt i administration og drift af skolen, og var den "Grå Eminence".

Skolen startede op med 24 elever. Det blev starten på landets første demokratiske efterskole der lå i Rantzausminde uden for Svendborg.

Elevdemokrati

Elevdemokrati var absolut i højsædet. Den øverste myndighed på skolen var generalforsamlingen, som bestod af elever, lærere samt ansatte på skolen, alle var stemmeberettiget.

På generalforsamlingen blev alle beslutninger taget som vedrørte dagligdagen på skolen, eventuelle konflikter blev løst på generalforsamlingen, samt vedtagelse af love som regulerede samværet.

Hver 14. dag blev der valgt en ny bestyrelse og en formand. Bestyrelsen havde en række faste arbejdsrutiner, som at holde styr på hvem der havde fri, kontrol af rengøring, elevkassen samt arrangør af visse begivenheder, mødeledelse o.s.v.

af Ole Mandix

Undervisning

Undervisningen var meget anderledes, der var ikke et fastlagt skema, men en valgfri tilgang til at vælge de enkelte fag.

Der var selvfølgelig også mulighed for at vælge de traditionelle fag i tillæg, som dansk, engelsk, tysk og regning. Der kunne også aflægges afgangseksamen i 8., 9. og senere 10 klasse.

Det blev noget af et kultur chok, for mange af eleverne som kom fra en velordnet skoledag på diverse kommuneskoler med faste mødetider og med et fastlagt skoleskema, hvor man kunne se hvilket pensum og fag der skulle nås igennem resten af året.

Udover at skulle lære at tilegne sig viden på en anden måde havde skolen også en demokratisk opdragelse, så mange af eleverne kom ud som hele mennesker og kunne bidrage til samfundet med en sund skepsis.

Elevdemokratiet og det frie Emnestudie og læring fortsatte under forskellige ledelsesformer frem til 2013, dog modificeret og justeret efter datidens pædagogik og muligheder, men altid med udgangspunkt i Jakob Andersens pædagogik og lærings filosofi.

Senere kom internettet til og hver elev fik sit digitale penalhus i form af en MacBook. Undervisningen blev digitaliseret og Pc'en fik en central rolle i undervisningen.

Også her var skolen på forkant i måden at lære på.

Fyring af ledelsen

Der har gennem tiderne været oprør, uoverensstemmelser, personalesager og modstand mod den tidligere og den daværende ledelse. Bestyrelsen havde i oktober 2009 lagt op til at afskedige den daværende ledelse, ved en ekstraordinær generalforsamling. Ledelsen var meget tæt på at blive afskediget, men blev bakket op af en dengang enig personalegruppe.

Vedtægterne gjorde blandt andet, at man ikke umiddelbart

kunne skride til en afskedigelse. Ledelsen "red" stormen af, men bestyrelsen måtte gå af og en ny blev valgt.

Desværre måtte den daværende bestyrelsesformand, der var datter af skolens stifter gå af.

Den nye bestyrelse ønskede at bilægge striden med ledelsen og i stedet se fremad. Der blev udarbejdet en slags fredsplan og i en lang periode var der fred på skolen, men ledelsen overlevede. I samarbejde med bestyrelsen, medarbejderne og ledelsen blev man enig om at se fremad.

Fremtidens digitale skole

Skolen var gennem tiderne blevet udbygget i forskellige tempi, med henholdsvis to soveafdelinger, spisesal, køkken, gymnastiksal, et generalforsamlings lokale. Skolen kunne i dag rumme omkring ca. 90 elever, men tiden var efterhånden løbet fra bygningerne. Bygningerne bar præg af manglende vedligeholdelse, og skulle renoveres hvis den skulle leve op til "Fremtidens Digitale Skole".

Bygningsmæssigt var skolen ikke længere tidsvarende og der måtte ske forandringer, hvis skolen skulle leve op til at blive "Fremtidens digitale skole". Der måtte et større elevoptag til for at give skolen det økonomiske råderum som skulle til for at bringe skolen videre.

Bestyrelsen havde som målsætning, at skolen i fremtiden skulle kunne rumme 120 elever. Endvidere vedtog bestyrelsen at skolen kunne anvendes i de to måneder til andre formål når der ikke var efterskole, - eksempelvis som en slags familiehøjskole.

Helhedsplan

I samarbejde med medarbejderne og ledelsen blev projektet "Fremtidens digitale skole" sat i værk og der blev udarbejdet en meget ambitiøst helhedsplan.

Bestyrelsen ønskede med dette projekt og bringe skolen op til dagens standard. Alt med respekt for den pædagogiske linje og det værdigrundlag som skolen byggede på.

For at hjælpe bestyrelsen, ledelsen og medarbejderne med til at nå i mål med projektet, blev der hyret ekstern hjælp. I første omgang for at kigge på ønsker og krav til en modernisering af bygningerne.

Eksempelvis skulle der etableres bad og toilet til hvert værelse, det viste sig desværre at bygningerne var i dårligere forfatning end først antaget.

Alene at udbedre den mest basale vedligeholdelse, var meget dyr, og ville have kostet et to cifret millionbeløb. Der var endvidere konstateret PCB i nogle af bygningsdelene, som var kræftfremkaldende. *

Underskud

Midt i alle ønskerne og drømmene kom skolen, meget overraskende ud med et meget stort og uventet underskud i 2012. Underskuddet skyldes et faldende elevtal og store budgetoverskridelser på lærerlønninger, bygninger og vedligehold samt at skolen på grund af manglende regulering i antallet af ansatte, dårlig økonomistyring og allerede overskredet budgetter.

Økonomirapporteringen havde ikke været tilstrækkelig nøjagtig i forhold til at agere rettidigt på opståede budgetafvigelser, det var derfor ikke muligt at rette op på årets underskud i tide.

Underskuddet var ene og alene opstået på grund af ledelsens manglende rapportering, overblik, og styring, og tilstedeværelse.

Ledelsen havde ved budgetgennemgangen tidligere på året, stået inde for, at der ved skoleårets afslutning ville fremkomme et overskud på ca. 1 mil.. Dette viste i stedet at være et underskud på et tilsvarende beløb. På trods af det store underskud, kunne skolen, fortsætte da der var lidt på kistebunden.

* PCB er et miljøfarligt giftstof, der kan skade mennesker og miljø. PCB blev tidligere brugt i byggematerialer og i industrien, indtil man i 1970'erne fandt ud af, at PCB kan skade både mennesker og miljø. I dag er al anvendelse af PCB forbudt, men stoffet findes stadig i vores omgivelser.

Tiltag

I kraft af underskuddet blev der iværksat en række tiltag, som indskrænkede ledelsens økonomiske råderum. I forlængelse af en sparerunde blev der også afskediget en af nøglemedarbejderne.

Dette medførte en voldsom reaktion fra personalet, som igen forlangte at ledelsen blev fyret.

Som en reminiscens fra fortiden var der i vedtægterne for skolen indskrevet en paragraf som skulle forhindre forstanderen i at blive "kuppet".

I bestyrelsens undersøgelser for om muligt at kvitte os med ledelsen stødte vi på denne passus i vedtægterne, - et levn fra fortiden.

Uddrag af vedtægterne:
Formålet med repræsentantskabet er at sikre sig imod "kup-situationer". Der er først og fremmest tænkt på den specifikke situation, hvor bestyrelsen afskediger forstanderen og ansætter ny forstander ved hjælp af et "arrangeret" flertal på generalforsamlingen. Det kan vanskeligere lade sig gøre, når repræsentantskabet skal godkende afskedigelse og ansættelse af forstander.

I følge skolens vedtægter fra før 2009 kunne det altså ikke lade sig gøre da "Repræsentantskabet" skulle godkende en afskedigelse.

Når det var sket skulle to på hinanden følgende generalforsamlinger sanktionere fyringen.

Som en demokratisk skole havde medarbejderne som ønskede ledelsen afskediget formodentlig overset denne passus.

Bestyrelsen overvejede at fyre ledelsen alligevel, men det ville helt sikkert have kostet skolen livet, dels i advokatbistand og aftrædelse, da der her var tale om en ledelse som havde en mangeårig anciennitet, - men mulighederne blev undersøgt,

7

men frarådet af skolens advokat.

Der måtte ændringer til i vedtægterne, så bestyrelsen kunne handle mere frit i forhold til ledelsen.

I al stilhed valgte bestyrelsen at omskrive vedtægterne, dette medførte at "Repræsentantskabet" blev skrevet ud af vedtægterne og dermed havde bestyrelsen større mulighed for at kvitte sig med ledelsen. Dette blev vedtaget på en generalforsamling i 2012.

Bestyrelsen valgte, efter anbefaling fra Efterskoleforeningen, at stå bag ledelsen og arbejde på at få løst uenigheden mellem ledelsen og medarbejderne, men efter flere forsøg på at bilægge konflikten endte den resultatløs og det med førte at flere af lærerne enten sagde op eller sygemeldte sig.

Ledelsen var meget utilfreds med at bestyrelsen indførte en række kontrolforanstaltninger, som den sagde var det ikke en bestyrelses opgave at detail styre en skole. Det var bestyrelsen selvsagt ikke enig i.

Lærestrejke 2013

I 2013 var skolen udtaget til at strejke og set i lyset af den dårlige økonomi blev undervisningen i vid udstrækning forsøgt gennemført ved hjælp af vikarer.

Tilliden mellem Det Teknisk Administrative personale, bestyrelsen og ledelsen var ligeledes ikke eksisterende.

I stedet for at lukke skolen ned og sende eleverne hjem valgte vi at holde skolen åben.

I forlængelse af den verserende konflikt mellem personale og ledelsen som var dybere end bestyrelsen i første omgang var vidende om, blev bestyrelsen en part af konflikten, Efterskoleforeningen opfordrede bestyrelsen til at stå bag ledelsen.

Oven i lærerstrejken havde ledelsen også lagt sig ud med en større kreds af forældre, som forlangte deres skolepenge tilbagebetalt.

Var skolen blevet lukket med deraf følgende tilbagebetaling af skolepengene, ville det have været skolens endeligt.

Bestyrelsen var i denne periode under et massivt pres, flere af medlemmerne valgte at udtræde af bestyrelsen, og suppleanter uden bestyrelseserfaring måtte indkaldes. Det var en meget turbulent tid med masser af artikler i Fyns Amts Avis. Det var, som om avisen ville skolens endeligt.

Det var på sigt en uholdbar situation og der måtte nye løsninger til.

SiD skolen

I al hemmelighed var der etableret en kontakt mellem bestyrelsesformanden og ejeren af SiD's kursusejendom, og en række forhandlinger blev indledt.

Skolen havde efter konflikten og lærerstrejken tæret en del på skolens formue. Forhandlingerne gik derfor ud på at mageskifte skolen med SID's gamle kursus ejendom i Christiansminde. Vi fik en attraktiv aftale med ejeren af SiD skolen, som gjorde at vi kunne løfte Rantzausminde Efterskole ind i en ny fremtid. Og at det nye sted vil kunne tilføre et højere elevtal.

Det var en stor mundfuld, fordi skolen lige havde været igennem en større konflikt havde brugt en stor del af sine resurser, og det som vi havde tilbage var en god beliggenhed og mursten.

Ejeren af SiD's kursusejendom strakte sig meget vidt i forhandlingerne. Det, som vi endte med og skulle betale for skolen, stod godt mål med det, som det ville koste at modernisere den gamle skole. Med et slag kunne vi give skolen det løft, som bestyrelsen havde sat som målsætning. Bestyrelsen var af den opfattelse at Jakobs pædagogik og lærings metoder, ikke sad i murstenene og kunne derfor godt føres videre et nyt sted.

Skolen flytter

Ledelsen var inden overtagelsen løbende blevet bedt om at komme med budgetter som baserede sig på et realistisk elevoptag, drift og antal lærere. Ledelsen var af den opfattelse, at med de nye omgivelser og muligheder ville der med lethed kunne "sælges billetter til mindst 145 elever"- det første år.

Bestyrelsen, som jo havde ansvar for økonomien og drift af skolen tog dette for gode varer og baserede derfor et mageskifte på dette faktum. Det skulle dog vise sig at blive en anden virkelighed.

Forhandlinger endte med en aftale, og Rantzausminde Efterskole flyttede ind i SiD's gamle kursusejendom i Christiansminde.

Ingen af de gamle lærere fulgte med til den nye skole. Alle havde sagt op. Og desværre flyttede nissen med som man siger. Alle lærerne havde opsagt deres stillinger og skolen måtte starte helt forfra med nye lærere.

Skolen var ikke mere end lige flyttet ind før Fyns Amts Avis bragte en række 10 år gamle artikler, som i allerhøjeste grad var belastende for ledelsen og skolen, og som i den grad kom bag på bestyrelsen.

Af skolens advokat og rådgivere blev bestyrelsen rådet til ikke at svare på artiklerne, men skulle overlade dette til ledelsen da de var hovedpersonerne - de undlod også at svare, hvilket gjorde at avisskriverrierne tog til og i den grad blev en større og større belastning.

Det var ikke alene konflikten med lærerne som var problemet, men en årelang konflikt med mange af af de tidligere medarbejdere. Ledelsen var gift med hinanden hvilket gjorde at mange af konflikterne og planerne blev "handlet" af ved morgenbordet.

Ny skole bestyrelse

I bestyrelsen var der mandefald blandt medlemmerne, tilbage var undertegnede og Torben Andersen. Vi blev derfor af Undervisningsministeriet bedt om at indkalde til ekstraordinær generalforsamling, hvor vi valgte ikke at genopstille.

Bestyrelsen kastede håndklædet i ringen og en ny bestyrelse måtte tage over. Vi var dog af den opfattelse, i bestyrelsen, at vores mission var fuldført og vi havde givet skolen det løft som vi drømte om og dermed gjort den fremtidssikret.

Vi følger stadigvæk skolen med stor interesse, nu som medlemmer af skolekredsen.

Tak for hjælpen

En stor tak til Torben Andersen (tidligere bestyrelsesmedlem), som jeg har diskuteret indholdet med og er kommet med input til bogen.

Søs Praud som har læst korrektur.

Og endelig en stor tak til Ole van der Heide, som strakte sig vidt under forhandlingerne, så det hele kunne lade sig gøre.

Sådan blev Rantzausminde Efterskole til Svendborg Efterskole.

Ole Mandix
Tidl. bestyrelsesformand
Ålsgårde 2025

Ingen fremtid, uden en fortid!

Hvis man ikke kender fortiden, forstår man ikke nutiden,
- og så egner man sig heller ikke til at forme fremtiden.

Indholdsfortegnelse

Indholdsfortegnelse

Indholdsfortegnelse

SKOLEN OPRETTES

af Jakob Andersen

Skolen blev startet af Jakob og Birte Andersen, støttet af en gruppe fremtrædende, lokale borger, som alle var enige i Jakob Andersens pædagogiske linje. En pædagogik, som dengang var ret udsædvanlig.

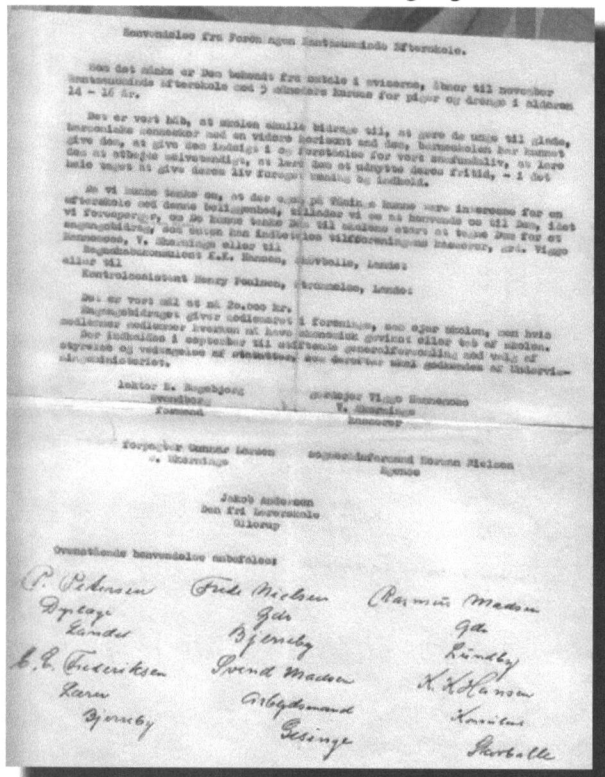

Henvendelse fra Foreningen Rantzausminde Efterskole.
Som det måske er bekendt fra aviserne, åbner skolen, til november med 5 måneders kursus for piger og drenge. i alderen 14 - 16 år.
Det er vort håb, at skolen skulle bidrage til, at gøre de unge til, glade harmoniske mennesker med en videre horisont end den barneskolen har kunnet give dem, at give dem indsigt i og forståelse for vort samfundsliv, at lære dem at arbejde selvstændigt, lære dem at udnytte deres fritid, - i det hele taget give deres liv forøget mening og indhold.
Da vi kunne tænke os at der også på Tåsinge kunne være interesse for en efterskole med denne beliggenhed, tillader vi os at henvende os til dem i det vi forespørger, om de til skolens start at tegne dem for et engangsbidrag, som enten kan indbetales til skolens kasser gdr. Viggo Hannemose, Vester Skerninge eller til:

Regnskabskonsulent K.K. Hansen, Skovballe, Landet.
eller

af Jakob Andersen

Kontrolassistent Henry Poulsen, Strammelse, Landet.
Det er vort mål at nå 20.000,- kr.
Engangsbidraget giver medlemsret i foreningen, som ejer
skolen, men hvis medlemmer hverken må have økonomisk
gevinst eller tab af skolen.

Der indkaldes i september til stiftende generalforsamling
med valg af styrelse og vedtagelse af statutter som derefter
skal godkendes af Undervisningsministeriet.

Gårdejer
Lektor E. Bøgebjerg
Formand

Gårdejer
Viggo Hannemose
V. Skerninge
Kassere

Forfagter
Gunnar Larsen
Ø. Skerninge

Sognerådsformand
Herman Nielsen
Egense

Underskrevet af:

Jakob Andersen
Den fri Lærerskole i Ollerup

Ovennævnte anbefales af:

P. Petersen
Dyrlæge
Landet

Frede Nielsen
Gårdejer
Bjerreby

Rasmus Madsen
Gårdejer
Landet

RANTZAUSMINDE HOVEDSKOLE

artikel i Fyenske Medier - 1956

Rantzausminde Hovedskole genåbnes som efterskole

Den ny efterskole åbner allerede til efteråret og man håber at få elever fra både by og land.

En udvidelse af skolebygningen forberedes

I det kommende efterår åbnes en ny efterskole på Sydfyn. Det sker i Egense Kommune, hvor en kreds af interesserede har overtaget Rantzausminde Hovedskole, som nu skal indrettes som efterskole

Ved indgåelse af skoleforbundet mellem Egense og Svendborg Kommuner blev Rantzausminde Hovedskole nedlagt, men den 1. november er det tanken at åbne skolen på ny - denne gang som efterskole for både unge piger og mænd.

Manden bag planerne

Det er højskole lærer Jakob Andersen der er hovedmanden bag de nye planer. I et par år har han set det som sit mål at få oprettet en efterskole på Sydfyn, hvor behovet i øjeblikket - ikke mindst set i lyset af de store årgange der nu snart rykker frem, er særdeles stort.

Ved nedlæggelse af Rantzausminde Hovedskole øjnede han en chance for at se sine planer realiseret, og en henvendelse til Egense Kommune gav et godt resultat.

Sognerådet var stærkt interesseret i planerne om en efterskole, og Rantzausmindeskolen er nu overdraget til udvalget der arbejder med efterskoleplanerne. Foruden Jakob Andersen består udvalget af sognerådsformand Herman Nielsen, Egense, går. Viggo Hannemose, V. Skerninge, forpagter Gunnar Larsen, Ø. Skerninge og lektor E. Bøgebjerg, Svendborg.

Endnu er det hele på et forberedende stadium, men den kendsgerning at skolen er sikret, betyder at man vil kunne starte undervisningen i den nye efterskole i efteråret 1956.

Elever fra både by og land

På et møde på Svendborg Statsgymnasium i går eftermiddag redgjorde lektor E. Bøgebjerg og lærer Andersen nærmere for efterskoleplanerne .

Lektor Bøgebjerg redegjorde for, hvorledes højskoler og efterskoler siden deres oprettelse fortrinsvis har henvendt sig til landbefolkningen. Når den nye efterskole i Egense er klar til at tages i brug vil man søge at få unge både fra by og land interesseret i arbejdet på skolen, og så vidt muligt vil man både i vinter- og sommersemestret undervise såvel unge piger som unge mænd.

Det er et ret udsædvaneligt skridt for en efterskole at henvende sig til både by og landbefolkning, sagde lektor Bøgebjerg, men det er vort indtryk, at det vil være til stor gavn for ungdommen selv. De bliver herved i bogstaveligste forstand stillet overfor hinanden, og kan drøfte deres fælles problemer og vil på den måde være med til yderligere at uddybe skellet mellem by- og landbefolkningen.

artikel i Fyenske Medier - 1956

En skole til gavn for ungdommen

Højskolelærer Jakob Andersen redegjorde for det store behov, der er for efterskoler i dag. De store årgange skal nu om kort tid træde ud i livet, sagde han det tomrum der i vore dage findes mellem endt skolegangens afslutning og læretidens begyndelse vil egne sig fortrinligt til et ophold på en efterskole.

Fritidsbeskæftigelsen bliver i disse moderne tider ligeledes et stort problem og her kan vi igen anbefale et efterskoleophold.

Placeringen af efterskolen i Egense kan efter vor mening ikke være heldigere. Den ligger centralt for både by og land, og hertil kommer, at de naturlige omgivelser jo er særdeles glimrende Formålet med undervisningen er yderlig at fæstne og desuden et udvide elevernes skolekundskaber. Der vil også blive tale om fag, der tager sigte på de unges fritidsbeskæftigelse, og vi håber på denne måde at fremme de unges samarbejdsvilje og initiativ.

Rantzausminde Hovedskole - 1956

Skolen skal udvides

Om selve skolen kan der i øjeblikket siges så meget, fortsatte lærer Andersen, at den vil blive en selvejende institution. Der skal etableres en forening, hvortil vi ønsker medlemmer fra egnen mellem Svendborg og Fåborg på Tåsinge m.v. Der bliver tale om et nærmerte fastsat kontingent for hvert enkelt medlem, men det bliver individuelt hvad det enkelte medlem ønsker at betale.

"Allerede nu arbejder vi med planer om en udvidelse af skolen. Når vi starter med det første vinterkursus til november, kan vi tage 25-30 medlemmer, men inden længe håber vi ved en udvidelse at kunne skaffe plads til ca. 60 elever. Vinterskolen vil vare fem måneder, og sommerskolen strækker sig 2 eller 4 måneder. De elever, der skal undervises, skal være i alderen fra 14-18 år."

På det orienterende møde understregede sognerådsformanden Herman Nielsen, at man ikke alene i Egense sogneråd fra starten var interesseret i planerne om en efterskole i Rantzausminde Hovedskole. Også befolkningen er glad for dette aktiv i kommunen, og han lovede på sognerådets vegne al mulig støtte til den nye efterskole. Sognerådet priser det initiativ, der er taget til skolens oprettelse og afventer spændt resultatet af det videre arbejde.

EN SKOLE I SIN VUGGE

af Birte Andersen

Da jeg læste bogen, *Den usynlige forstander* af Inger Hartby, fik jeg lyst til at skrive om mit arbejde i årene 1957-78 som efterskolemor og efterskolekone.

Jeg er ikke sikker på at jeg var så usynlig, flere har kaldt mig krasbørstig.

Udover undervisning og kontorarbejde var det mig som stod for indkøbene . Vi havde hverken køleskab eller fryser, så hver dag måtte jeg ringe til forskellige leverandører og bestille varer. Kokkepigen og jeg lavede hver søndag en madplan for den næste uge.

Vi havde kun fri, når vi var væk fra skolen, og det var vi sjældent på en gang de to første år. Jo, en gang blev vi inviteret til middag på Hvidkilde slot. Greven betragtede det som "sin" skole, og vi blev inviteret sammen med "hans" præst "hans" forpagtere og "hans" skovridere. Vi skulle møde i smoking , og greven havde telefonisk forvisset om, at vi kunne klare det, og det kunne vi.

En gang om ugen havde jeg et hyggemøde med køkkenpigerne. Vi reparerede tøj i fællesskab, fik te og spillede kort, det foregik som så meget andet i vores dagligstue.

I tidens løb købte vi mere og mere jord til at bygge på, indtil byggeriet kom i gang, blev jorden dyrket - især kartofler og jordbær. Vi havde ingen havemand dengang. det var Jakob og vores sønner, der stod for dyrkningen, og sometider med hjæp fra elever og en lærer. Men i jordbærtiden var jeg også med.

Vores lille familie stod op ved 5-tiden og gik op og plukkede jordbær.

Hvis vi ikke var færdige inden kl. 7, når køkkenpigerne skulle møde, kom nogle af dem og hjalp inden, alle bær blev afleveret i køkkenet, og derfra sørgede man for fordeling dels til syltning dels til spisning. Jeg kan huske at vores rygge, de

Billedet stammer fra en udstilling i Rantzausminde Brugs af humoristiske tegninger lavet af Herluf Jensenius

var ømme. Efter en sådan en morgen kunne jeg ikke helt rette mig op før jeg var helt hjemme, et år plukkede vi 450 kg.

I 1967 stoppede jeg helt med at have undervisning. Kontorarbejdet var vokset så meget at det gav mig fuld beskæftigelse.

***

Birte stod også for udbetaling af lommepenge. Vores forældre indbetalte pengene på en speciel konto, så hver lørdag kunne vi få udbetalt vores lommepenge.

Køkkenet sorterede også under Birte og som i alle henseender var "Den grå eminence".

***

Birte var ligeledes også "arkitekten" bag skolens mange knopskydninger og virvar af bygninger. Hun havde et afgørende ord og skulle sige når det drejede sig om indretning og placering.

Birte og Jakob

PORTRÆT AF JAKOB ANDERSEN

af Katrine Jensenius

Jakob Andersen

I2002 lavede Katrine Jensenius en portræt video af Jakob Andersen og Rantzausminde Efterskole.
I videoen fortæller Jakob om den dybere baggrund bag oprettelsen af hans egen skole sammen med sin kone Birte. (Videoen kan lånes på biblioteket. og hedder "Hvad er et menneske uden de andre").

Det Danske Filminstitut skriver
Anmeldelse af Hvad er et menneske uden de andre:
Filmen er et portræt af Jakob Andersen, tegnet af hans niece, et meget sympatisk portræt af en meget sympatisk mand, forstander på Rantzausminde Efterskole, som han selv oprettede sammen med sin kone i 1956.

Til forsvar for fællesskabet
Det er et portræt af en ildsjæl, som tror på sine medmennesker, på socialismen, fællesskabet, på at lysten driver værket, på frihed og demokrati, også udvidet elevdemokrati.

I filmen interviewes han selv, hustruen, den nuværende ledelse, en lærer og tidligere elever af begge køn, ligesom vi ser scener af den generalforsamling, som er hjertet i skolens sociale og pædagogiske liv.

Solen skinner i filmen, udenfor, i folks smil og i tilbageblikkene.

Bortset fra at man kan blive i lidt bedre humør, af at se filmen, kan den måske bruges som indgang til en debat om en overordnet pædagogik.

Hans Erik Berthelsen

af Katrine Jensenius

Katrine Jensenius er niece til Jakob og fortæller her om sin onkel:

Jakob Andersen er min onkel og gift med min faster Birte, han er pædagog, fillosof, socialist og teolog.

Han har høje idealer, han har tillid til sine medmennesker og som lærer var han tilhænger af eleverne, han siger "- at han tror på elevernes gode vilje".

I 1956 oprettede han sammen med Birte en efterskole med elevdemokrati. I gennem 22 år viste han at det kunne lade sig gøre. Han er det man kalder en ildsjæl.

Jakob Andersen siger selv:
Hvad forventer du af en deltager,
- man forventer ansvarlighed,
- man forventer samarbejde,
- man forventer tolerance,
og man skal finde sig i at nogle er anderledes end en selv, man forventer at nogen kan tage et initiativ og vurdere og være så frisk at de kan beslutte sig til at handle.

(Hans Harald Koch var en dansk teolog og kirkehistoriker, der var gift med politikeren Bodil Koch. Koch blev cand. theol. i 1926, dr.theol. 1932 og i 1937 professor i kirkehistorie ved Københavns Universitet. Han var under besættelsen formand for Dansk Ungdoms Samvirke i 1940-1946.)

Det er de samme ord som gentager sig og kommer igen hele tiden og derfor tror jeg nok at de ord skal være med i et demokrati.

Min gamle lærer Hal Koch på universitetet, han sagde også - "hvad er et demokrati, er det bare et sted hvor man engang i mellem giver en stemme til et kommunevalg eller til et andet valg og så iøvrigt ter sig som man vil ind i mellem, eller hvad er et demokrati. Et demokratisk folk er et folk som har en demokratisk holdning og så kommer spørgsmålet - "hvor skal man lære det?".

Man kan lære det hjemme hos sine forældre, - det gjorde jeg. Da jeg var helt lille var jeg nummer seks af syv børn. Den øverste myndighed i vores familie, det var familierådet og der gjaldt to reg-

af Katrine Jensenius

ler, den ene det var, at den som har ordet må ikke afbrydes ligegyldig hvor lille han var eller hvor stor han var, for vi var ikke lige store alle sammen. Og den anden regel det var, når vi skal finde ud af hvad vi skal købe eller gøre i fremtiden, så skal man altid finde ud af hvad de andre har brug for. Jeg har aldrig hørt nogle af mine søskende ønske noget til sig selv, man fandt altid ud af hvad de andre skulle have, eller hvad vi skulle gøre i fællesskab. Det er faktisk rigtigt, egentlig er det det samme vi laver på Rantzausminde Efterskole.

Da jeg kom i skole var det forfærdeligt for da var det anderledes, da var det "kæft, trit og retning - gør som vi siger". Det var klasseundervisning. klasseundervisning og klasseundervisning. Det var lektier for og lektien blev i slutning af timen, gennemgået af læren, vi skulle læse på den hjemme og så blev man overhørt, og det vil sige læren stillede spørgsmålene, vi sad med lukkede bøger og så rakte man hånden op og derefter blev man udpeget af læren til og sige noget. Og det er jo egentlig forfærdeligt, for hvis ham der sidder ved siden af mig, min gode kammerat, hvis han svarer forkert, så må jeg ikke engang hjælpe ham.

Må jeg høre - er det en demokratisk situation. Jeg kalder det - antidemokratisk.

Klasseundervisning er absolut antidemokratisk og man kan ikke hvis man ønsker at få et samfund af demokratiske borgere så kan man ikke lade dem opdrage og gå i en skole med klasseundervisning.

Og jeg kan ikke forstå at Danmarks befolkning har fundet sig at deres børn bliver behandlet sådan.

Jeg fik med Undervisningsministeriets tilladelse, lov til og lave en "Ungdoms lærer uddannelse" på den frie lærerskole, med tilsyn fra ministeriet.

Jeg fik lavet et forløb med Pædagogik og Psykologi hvor vi diskuterede dette. De unge mennesker som vi skal undervise skal være voksne borgere i Danmark op mod år 2000. Hvilke egenskaber ønskede vi at udstyre disse unge mennesker med når de skal være voksne borgere op mod år 2000. Da fandt vi ud af, et det var de demokratiske egenskaber selvfølgelig. Dem beskrev vi sådan:

- *Medansvarlighed*
- *Initiativ*
- *Tolerance*
- *Beslutningsevne*
- *Samarbejdsevne*
- *Vurderingsevne*

Disse 6 ord lavede vi allerede dengang i 1956 på Ollerup Lærerseminarium. De er dog forsøgt modificeret gennem tiderne, men med svigtende held.

På de fleste Efterskoler og Højskoler havde de sådan en slags klasseundervisning, det var i hvert fald en udemokratisk undervisningsform, og det kritiserede jeg og derfor blev jeg afskediget fra Ollerup Lærerseminarium og jeg fik samtidig og vide at "du duer ikke", og så sagde jeg "det vil jeg dog prøve og vise".

Jeg tager først af sted herfra når jeg har fået lavet en efterskole selv. Den skal køre efter mine forældres principper og den fik vi så lavet, Birte og jeg på et halvt år.

Det blev en skole uden et fast regelsæt, der var kun to faste regler og det var, - man måtte ikke ryge i sengen og gik man længere væk fra skolen end man kunne råbes op, så skulle man sige hvor man gik hen. De øvrige love og regler blev fastsat af eleverne selv i fællesskab.

DEFINITION AF DE SEKS ORD

af Ole Mandix

Medansvarlighed

Medansvarlighed udgør et fælles ansvar mellem flere parter typisk i forbindelse med en opgave. Det indebærer også, at alle involverede bidrager aktivt og føler sig ansvarlig for både processen og resultatet.

Medansvarlighed er ofte forbundet med samarbejde og tillid, da det kræver, at deltagerne arbejder sammen mod et fælles mål.

Medansvarlighed kræver klare forventninger, kommunikation og respekt for hinandens roller og bidrag. Det handler om at tage ansvar, ikke kun for sine egne handlinger, men også for helheden, (gruppen).

Initiativ

Med initiativ tager man det første skridt eller begynder på, opgaven uden at vente på instruktioner eller opfordringer fra andre.

At vise initiativ kræver mod og evne til at vurdere situationen og en vilje til at tage risikoen for, at noget måske ikke lykkes. Det er en værdifuld kvalitet, der ofte leder til positive resultater både for individet og det fællesskab, de er en del af.

Tolerance

At vise tolerance er evnen til at acceptere og respektere andre menneskers forskelligheder, meninger, politiske holdninger, og værdier. Selv når de adskiller sig fra ens egne.

Det handler om at være åben og rummelig over for forskelligheden, uanset om det gælder kultur, religion, politik, livsstil eller andre aspekter af menneskelig variation.

Tolerance er en værdi i ethvert samarbejde, der ønsker at skabe plads til alles meninger, accept og samarbejde.

Vurderingsevne

Vurderingsevne er en persons evne til at analysere en situation og træffe beslutninger baseret på oplysninger og erfaringer. Det er ligeledes en persons evne til at kunne se forskellen på forskellige muligheder og forudse konsekvenserne af et valg og vælge den bedste løsning i en given situation.

God vurderingsevne er en kernekompetence, der kan forbedres gennem øvelse, erfaring og en bevidst tilgang til beslutningstagning.

Beslutningsevne

Beslutningsevne er evnen til at træffe et valg og handle på dem. Det er ofte i situationer, hvor der kræves en hurtig vurdering eller hvor der er flere mulige løsninger. Det er en kombination af mental klarhed, ansvarlighed og mod, og det indebærer både at vælge en kurs og at stå ved de konsekvenser, der følger.

At stå ved en beslutning og håndtere dens konsekvenser beror ofte på erfaringer.

Samarbejdsevne

At kunne samarbejde, er evnen til at arbejde sammen med andre for at opnå et fælles mål.

Samarbejdsevne handler om i fællesskab at bidrage med løsninger, tale sammen og respektere andres meninger og bidrag.

DEN AUTORITÆRE SKOLE

af Jakob Andersen

Jeg har selv gået i den autoritære skole, men heldigvis havde jeg et demokratisk hjem og barndom med jævnlige familieråd, hvor to forældre og syv børn traf beslutninger om blandt andet udflugter og indkøb.
Der gjaldt to regler:

1 De, der har ordet, må ikke afbrydes.

2. Ved indkøb skulle man altid finde ud af, hvad de andre har brug for. Jeg har aldrig hørt nogen af mine seks søskende ønske noget til sig selv.

I 1956 startede Rantzausminde Efterskole. Den blev en videreførelse af mine barndoms oplevelser. Her var generalforsamlingen bestående af samtlige elever og ansatte øverste myndighed. Hver havde een stemme og ingen havde vetoret.

De to regler blev her omskrevet lidt til:

1. Den som havde ordet, måtte ikke afbrydes.

2. Man skal altid finde ud af, hvad der tjener helheden bedst.

DEMOKRATISK TILGANG TIL LÆRING

af Ole Mandix

I stedet for en autoritær skole kan man overveje at indføre en mere inkluderende og demokratisk tilgang til undervisning og læring. Her er nogle alternative metoder og tilgange - en læring som blev praktiseret på Rantzausminde efterkole:

Elevcentreret læring: Fokusere på elevernes behov, interesser og læringsstile. Dette kan inkludere projektbaseret læring, hvor eleverne arbejder med emner, der engagerer dem.

Samarbejdende læring: Fremme gruppearbejde og samarbejde blandt eleverne, så de kan lære af hinanden og udvikle sociale færdigheder.

Differentieret undervisning: Tilpasse undervisningen til den enkelte elevs niveau og læringsstil, så alle får mulighed for at lære på deres egen måde.

Åben kommunikation: Skabe et miljø, hvor eleverne føler sig trygge ved at udtrykke deres tanker og følelser, og hvor deres input og feedback bliver værdsat.

Kritisk tænkning: Opfordre til kritisk tænkning og problemløsning ved at stille åbne spørgsmål og engagere eleverne i diskussioner.

Fleksible læringsmiljøer: Skabe fysiske rum, der understøtter forskellige læringsmetoder, fra stille læseområder til aktive gruppearbejdspladser.

Livslang læring: Fremme en kultur, hvor læring ses som en livslang proces, og hvor både lærere og elever konstant udvikler sig.

Refleksion og feedback: Indføre regelmæssige refleksions- og feedbacksessioner, hvor både lærere og elever kan evaluere og forbedre undervisningsmetoder og læringsoplevelser.

Disse tilgange kan bidrage til at skabe en mere positiv og engagerende skolekultur, der understøtter alle elevers læring og trivsel.

NY FORSTANDER

artikel fra Fynske Medier - else

Rantzausminde Efterskole skal have ny forstander 13 heri blandt 1 kvinde har vovet at lægge billet ind på jobbet efter Jakob Andersen, der nu igennem 22 år har styret den ikke helt traditionelle efterskole på sin helt specielle demokratiske facon.

Hans efterfølger bliver udpeget inden jul og skal tiltræde med det nye hold til sommer.

Og så fletter alle fingre for, at 13 er et lykketal .

Skolens bestyrelsesformand gennem flere år - og Jakob Andersens gode ven - gårdejer Viggo Hannemose , skal nok være på pletten og tage vel i mod - og passe formandsposten valgperioden ud. Men så kan det også godt være, at han takker af. De to har været makkere i arbejdet på efterskolen gennem tykt og tyndt i nu over en generation. Nu skal der nye ansigter til, siger de begge.

Hannemose skal passe sin gård, og har nok at bestille.

Og jeg tillader mig at lade mig førtidspensionere, så jeg kan nå at opleve, hvordan det er ikke at have noget at bestille, siger Jakob Andersen.

Nu har jeg igennem en hel masse år haft en arbejdsdag på over 12 timer, og så kan man godt køre træt.

Demokratiets vingesus.

Det er en kendt sag, at Rantzausminde Efterskole er blevet kørt efter en demokratisk undervisningsform, hvor generalforsamlingen var øverste myndighed. Elevforeningen er repræsenteret i skolens 5 mands bestyrelse med to medlemmer, så

Forstander vil holde fri efter 22 år...

den kommende forstander må nok vide at acceptere ånden mere eller mindre.

Der er udvalgt 4-5 til en personlig samtale med skolens ledelse. Blandt disse er een, som tidligere har været lærer på efter-

artikel fra Fynske Medier - else

skolen, men iøvrigt er det pædagoger fra vidt forskellige skolemæssige - og undervisningsmæssige stillinger, der har følt sig draget af udfordringen, der ligger i at tage arven op efter Jakob Andersen.

Han var sammen med sin ven - og skolekammerat - Viggo Hannemose med til at starte skole for 22 år siden.

- Vi gjorde kunststykket uden så meget som en krone fra hverken stat, amt eller kommune, men ved hjælp af et indsamlingsbeløb på i alt 21.000 kr., fortæller Viggo Hannemose. Sparsommelighed har således - og nødvendigvis - altid været en dyd for skolen, der har taget form og stil etapevis. Inden for de sidste år har føjet en ny fløj til skolen, et værksted til batik og hobbyaktiviteter. Rammerne er altså til stadighed blevet udviet, men fra nytår begynder den nu 60-årige Jakob Andersen nedtællingen til skiftedagen den 1. august, da holder han fri.

Jakob Andersen

VRAGER FORSTANDER-KANDIDAT

Kristian List - artikel fra Fynske Medier

Rantzausminde efterskole ved Svendborg, som er blevet landskendt bl.a. på grund af udsædvanlig veludbygget elev og medarbejder styre, er i forbindelse med et forstanderskifte løbet ind i store problemer netop som følge af medarbejderindflydelsen.

Skolebestyrelse vrager demokratisk udpegede forstander-kandidater

Af Kristian List

■ SVENDBORG: Rantzausminde efterskole ved Svendborg, som er blevet landskendt bl.a. på grund af et usædvanligt veludbygget elev- og medarbejderstyre, er i forbindelse med et forstanderskifte løbet ind i store problemer netop som følge af medarbejderindflydelsen.

■ Forstander Jakob Andersen, som for en snes år siden startede skolen på meget fire principper, og som har ledet den siden, ønsker at trække sig tilbage på grund af alder.

Stillingen har været opslået ledig og flere har søgt den, men til dato er skolen uden ny leder, fordi to er blevet kasseret af de demokratiske organer endnu inden tiltrædelsen. I første omgang var der ikke tilstrækkelig læreropbakning til en kandidat, som bestyrelsen og repræsen-

tantskabet kunne samles om. Derefter trak denne kandidat sig.

Arbejdsløs

I anden omgang var lærerne enige om en leder, men en høring i repræsentantskabet afslørede usikkerhed om mandens pædagogiske kvalifikationer, og så blev han droppet.

Han havde sagt sin lederstilling på en kostskole op og

er nu arbejdsløs. Nu har lærerpersonale, bestyrelse og repræsentantskab besluttet at arbejde snævere sammen, inden man udpeger et nyt lederemne.

Rantzausminde efterskoles ry på landsplan skyldes, at hvert elevhold - inden for grundloven og politivedtægtens rammer - praktisk taget styrer skolen med de fordele og formidable krav, det stiller. Formen kræver også utroligt meget af forstander og lærerpersonale.

Forstander Jakob Andersen, som for en snes år siden startede skolen på fire principper, og som har ledet skolen siden, ønsker at trække sig tilbage på grund af alder.

Stillingen har været opslået ledig og flere har søgt den, men til dato er skolen uden ny leder, fordi to er blevet kasseret af de demokratiske organer endnu inden tiltrædelsen.

I første omgang var der ikke tilstrækkelig læreropbakning til en kandidat, som bestyrelsen og repræsentantskabet samles om.

Derefter trak kandidaten sig.

Arbejdsløs

I anden omgang var lærerne enig om en leder, men en høring i repræsentantskabet afslørede usikkerhed om mandens pædagogiske kvalifikationer, og så blev han droppet.

Han havde sagt sin lederstilling på en kostskole op og er nu arbejdsløs. Nu har lærerpersonale, bestyrelse og repræsentantskab besluttet at arbejde snævere sammen inden man udpeger et nyt lederemne.

Rantzausminde efterskoles ry på landsplan skyldes, at hvert elevhold - inden for grundloven og politivedtægtens rammer - praktisk taget styrer skolen med de fordele og formidale krav, det stiller, formen kræver også utroligt meget af forstander og lærerpersonale.

Ovennævnte historie er et eksempel på hvorledes den demokratiske process fandt sted på Rantzausminde efterskole dengang. Repræsentantskabet spillede en stor og vigtig rolle ved afskedigelse og ansættelser af forstanderen. Såfremt man ønskede at fyre forstanderen skulle repræsentantskabet godkende dette på to af hinanden følgende generalforsamlinger. For at stille bestyrelsen mere frit i sådanne situationer blev repræsentantskabet skrevet ud af vedtægterne i 2013.
Ole Mandix

Jaws - uddrag af artikel fra Fynske Medier

Nu kan vi vist sige at vi har afleveret skolen og overladt den til yngre kræfter. Kan vi ikke det, Jakob?

Gennem 22 år har Jakob Andersen som forstander været stærkt involveret i efterskolen og dens opbygning.

Jeg føler, at jeg har nået det, jeg ville i min tid på skolen. Jeg fik prøvet nogler pædagogiske principper, som viste sig at kunne bruges. Jeg blev mødt med skepsis fra undervisningsministeriet og andre steder, men efterskolen har vist, at det kan lade sig gøre at give elever medansvar.

Jeg plejer at sige, at det er besværgeligt at gøre det på den måde, men det er umagen værd siger Jakob.

Det pædagogiske princip bag efterskolen var dengang, og gælder i øvrigt også i dag, at eleverne skulle lære at samarbejde, være tolerante og vise medansvarlighed. Og det skulle appellere til elevens initiativ, vurderingsevne og deres evne til at træffe beslutninger

Min idé var åbenbart god nok til at bære. I hvert fald troede medlemmerne af bestyrelsen på det, fortæller Jakob. Jens Bo var også med til og kautionere for lånet, der var med til at starte Rantzausminde efterskole. Skolen kostede dengang 45.000,-, og indsamlingen blandt de øvrige støttere var 22.000,-, så der skulle optages et lån på differencen. Nogle kautionerede med en gård i ryggen, og risikerede dermed hus og hjem, hvis skolen alligevel kunne få økonomien til og løbe rundt.

Også den tidligere elev og bestyrelsesformand Jens Bo (Jens Bo var forstander på Brændsminde Børnehjem), mener at han har været med til at støtte en god skole, selv om han har gjort det på større afstand end forstanderen.

Jakob Andersen - foto fra 2014

VI NÅEDE DET

af Jakob Andersen

Fortæller tidligere forstander Jakob Andersen, idémanden til "Rantzausminde - pædagogik" - i dag fejrer skolen 25-års jubilæum.

Jo, vi har nået det mål vi satte os i 1956. Selv om vi spåede dengang, at der ville gå mindst 25 år inden der ville være forståelse for den særlige "Rantzausminde-pædagogik", vi benytter, siger den tidligere forstander på Rantzausminde Efterskole, Jakob Andersen, som må siges at være hovedmanden bag grundlæggelsen ef efterskolen.

I dag markerer skolen at det er 25 år siden det daværende Egense Sogneråd solgte den gamle hovedskole til den selvejende institution Rantzausminde Efterskole.

Jakob Andersen, læreren og præstesønnen fra Vester Åby, er kendt som grundlæggeren af skolen, men mange lokale hænder hjalp også til: Sognerådsformand Herman Nielsen, Egense, gårdejerne Viggo Hannemose og Gunnar Larsen, Øster Skerninge, lektor E. Bøgebjerg og 600 mennesker på Sydfyn, som i forbindelse med en husindsamling gav et beløb hver så der ialt blev indsamlet 22.000 kr. til skolen, som i dag er over 6 mill. værd.

Skolen startede med 24 elever og ægteparet Birte og Jakob Andersen samt Inger Bang Hansen som lærerkræfter. I dag har skolen plads til 66 elever og 11 lærerkræfter.

Skolen er landskendt for den pædagogik, der benyttes. En tidligere praktikant på skolen, lektor Poul Jørgensen på Danmarks Lærerhøjskole, har i et jubilæumsskrift om Rantzausminde Efterskole, valgt at forklare "Rantzausminde pædagogik" med et Bertol Brecht citat: - Taler du til stodderen i et menneske får du en stodder, taler du til kongen får du en konge.

Vi nåede det mål vi satte os i 1956

Fortæller tidligere forstander Jakob Andersen, idémanden til »Rantzausminde-pædagogik« - i dag fejrer skolen 25-års jubilæum.

38

Om Rantzausminde pædagogikkens indflydelse på eleverne, siger tidligere forstander Jakob Andersen.

- Det viser sig at mange af vores elever vælges til tillidshverv på grund af den selvstændighed, den viden og den veltalenhed de opnår på skolen.

Skolens eneste obligatoriske fag er "Emne". En studieform som foregår i grupper, og har til formål: at lære at lære og lære at samarbejde.

- Vi anser det for vigtigt at lære vore elever arbejdsmetoder og studieformer, så de på længere sigt uden hjælp fra lærere selv kan tilegne sig nye erfaringer, viden og indsigt - kort sagt løse problemer i relation til den verden som omgiver dem.

Jakob Andersen ønskede at gå af som forstander i 1978. Siden har Klaus B. Holm været forstander. Formanden for bestyrelsen er i dag Jens Bo Lauridsen.

Under restaurering af et lille hus, fandt håndværkerne denne grundsten, som de fluks forærede skolen med denne indskription, som tidligere forstander Jakob Andersen (til venstre) og nuværende forstander Klaus B. Holm (til højre) viser frem (Foto: Jørgen Hansen).

SÅ SKYD MIG!

af H. Brønnum

Lige på-snak med formand Jakob alias forstander Jakob Andersen, Rantzausminde Efterskole der fylder 60 og går.

Mellem det efterhånden meget anseelige bygningskompleks, som udgøres af Rantzausminde Efterskole, og forstander Jakob Andersens nye lækre etplanshus omme bagved i lunden, fører en listig gå-sti, en rigtig kondisti i bakker og dal i tidens løb trampet stenhård af Jakob Andersen, hans kone og hundrede af elever, der skulle snakke med formand Jakob eller bare hælde en sjat vand ud af ørerne.

Men nu bliver den sti lukket. Ikke flere private besøg hos Jakob Andersen for han går, og det gør han konsekvent.

Onsdag fylder han 60 år, privat, hjemme hos sig selv og modtagelig for alle venner og bekendte . Den 30 juni holder skolen afskedsfest for dens stifter og forstander gennem 22 år, og 1. august tager den nye forstander Klaus Holm over, mens Jakob Andersen trimmer ned med et job på Langelands Efterskole i Rudkøbing. Ikke et halvdagsjob i den forstand, men med væsentlig færre timer end som forstander, - jeg kunne ikke regne med under 80 timer ugentlig, siger han. Det har langt fra slidt mig op - eller ned, jeg ville stadig kunne have fortsat mange år endnu og kørt på rygraden, samt når det kneb med lidt bistand af de grå celler længere oppe i systemet, men jeg har ikke de samme råkræfter at trække på som tidligere. Derfor.

Jakob Andersen har i næsten bogstavelig forstand bygget den landskendte efterskole op fra grunden. Den er i dag "forkælet" med bevillinger og stærkt i kridthuset i undervisningsministeriet, der bruger Rantzausminde som skole eksempel på en dansk efterskole når den er bedst, samtidig med, at den

Hvis jeg misbrugte mine evner

Så skyd mig!

Lige på-snak med formand Jakob, alias forstander Jakob Andersen, Rantzausminde Efterskole, der fylder 60 og går.

har opnået et ry, så man årligt må afvise hundrede af elever, idet der trods betydelige udvidelser kun er plads til hold på 60. Jakob Andersen har således været sin skole en god mand, men har gjort det knap så godt som formand Jakob, for selv om han går til lærerjobbet på Langeland med lyst, er der også tale om et nødvendigt supplement til en pension, der ligger en del under, hvad der kan forarge noget fornuftigt menneske.

Evner, der kan være farlige

- Noget helt andet er: Kan det over hovedet gå an, at formanden går af? Det er et ikke ualmindeligt indtryk, at denne skole står og falder med Jakob Andersen.

- Det er meget længe siden, at der var hold i den påstand. Der er etableret et ganske fortræffelig samarbejde lærerkollegium, og det enstemmige valg af Klaus Holm ud af egne rækker som min efterfølger er lige så rigtig som det er udtrykt for demokrati, når det fungerer bedst. Jeg er glad for at kunne overlade skolen i de hænder!

- Og du tror, at demokratiet vil kunne fungere uden din styring?

- Brug hellere udtrykket vejledning, men svaret er ja. Et bevis på, at det kan fungere, har vi i Langelands Efterskole der er et ægtefødt barn af Rantzausminde. Den har i flere år fungeret forbilledligt. Men tror du ikke rigtigt på demokratiet?

- Nu skulle det jo forestille at være dig der er den inter-viewede, men ok: Jo, det vil jeg da forfærdelig gerne tro på, men det er sommetider svært at tro på demokrater.

- Du må kunne nævne blot en ægte demokrat?

- Det bliver svært!

- Hvad med Jakob Andersen?

Nu må det snart være min tur til at spørge igen: - Er du ikke lidt for dygtig til at styre et demokrati - et nummer for dominerende til at få

Jakob Andersen - gør nul-unge til plus -unge og tabere til vindere.

41

førstepræmie som demokrat? Ja, undskyld, vi spurgte bare!

- Jeg har grebet mig selv i at spørge om det samme, og svaret er, at hvis jeg ikke var demokrat til marv og ben og dybt ind i sjælen, kunne jeg have været en farlig mand, en demagog, der kunne have gjort alvorlig fortræd. Jeg har fået et sæt gaver eller evner, og ville kunne misbruges. Gjorde jeg det, ville der kun være et rigtigt at gøre:

Skyd mig!

Sælgeren Jakob

- Er du missionær?

- Ja sådan føler jeg mig.

- Det lyder så frelst. Hvad om man sagde topsælger af demokratisk tankegang.

- Det lyder så merkantil, men jeg kan godt fortælle, at jeg er blevet tilbudt job som topsælger, dog ikke af nogen idelogi. Engang kom en undervisningsleder tre gange i træk i vanskeligheder med forældrekredsen - tre gange fik jeg tingene til og glide, da en stor forretningsmand i Odense, medlem af forældrekredsen, sagde til mig: - Jakob - nu har tre gange solgt den mand til os, og han dur ikke. Kan du sælge ham, kan du sælge alt.

Nævn din pris. Du er ansat på stedet.

Om cykelkæder og argumenter

- Er du ikke sommetider bange for dig selv?

- I så fald er det det eneste, jeg kunne være bange for. Det kunne lyde som pral, men jeg har aldrig nogensinde kendt til frygt. Ikke da jeg var soldat i Sønderjylland d. 9 april heller ikke under frihedskampen. Jeg kender simpelt hen ikke til frygt.

- Det ikke at kende til frygt er normalt noget, afstumpede typer har patent på, og der er næppe nogen, der nogensinde har beskyldt dig for at være dum?

- Det må man da godt. Så vil jeg bare have det argumenteret. Det er et princip, vi har på skolen. Man påstår intet, er ikke for eller imod noget, før man har sat sig ind i, hvad man er for eller imod.

- Det fortælles, at der engang var en hel bande rockere der invaderede skolen med motorcykler og bevæbnede med cykelkæder for at argumentere om en kvindelig elev, der ikke måtte få fri til og gå til motorbøllefest. Hvordan gik det med at argumentere med dem? Brugte du judo, karate et oversavet haglgevær.

- Jeg argumenterede, som jeg plejede. Det er rigtig, at eleverne var hunderædde, men inden længe sad vi alle bænkede sammen. Rockerne fik hos mig både læst og påskrevet, men kørte fra Rantzausminde Efterskole i lavt gear, som en flok flinke, stilfærdige fyre.

- Hvordan gør man sådan noget?

- Ved ikke at være bange og ved altid at tro på at der er noget godt i alle, selv om der sommetider skal kraftig og resolut fødselshjælp for at få det frem.

Gør en taber til en vinder

Af de 1312 elever, vi har haft på skolen, er jeg overbevist om, at i i hvert fald de 800 går videre med det de lærte hos os.

- Er de øvrige tabt på gulvet?

- Ikke nødvendigvis, men vi kunne ikke, eller i tilstrækkelig grad hjælpe dem.

- Betragter du det som nederlag for dig og din linje?

- Jeg vil hellere sige, at hvergang vi får en taber ind, og dem får vi mange af, gør vi ham eller hende til en vinder, måske bare en lille vinder indenfor et enkelt område, så noterer vi det som en sejr.

- Formand Jakob går - fortsættes hans linje

- Ubrudt og videreudviklet med mere praktik. For eftertiden skal eleverne selv lave maden, sy tøj til eget forbrug, forsåle fodtøj etc. På en række områder gøre skolen selvforsynende. Det øger rent praktisk summen af muligheder for accept. Måske Johnny stammer og har svært ved at læse, men hvis han finder ud af, at han er den bedste af hele holdet til at smække hæle på træsko, så bliver han accepteret - og glad. Og måske holder han helt op med at stamme.

- Hvad stiller du op med den fødte taber?

- Jeg ved knap nok, om han eksisterer, men jeg kender hundrede som tror de er det. Og dem slipper vi nødigt, før vi har lært deres kammerater at respektere dem for, hvad de er, og dem selv at respektere kammeraterne og sig selv. Så har de vundet, og det har vi også...

***

Jakobs Problemløsningsmodel

1) Ide, initiativ, problemet fremlægges.

2) Emnet belyses fra forskellige vinkler. Ideer og muligheder tilføres.

3) Hvad skal vi så gøre? Løsningsforslag!

4) Snak om konsekvenser ved de enkelte forslag

5) Der træffes beslutninger ved kompromis eller afstemning

JAKOB FYLDER 90 år

artikel i Fyens.dk

Jakob Andersen, Rantzausminde, Svendborg, stifter af og tidligere forstander for Rantzausminde Efterskole fylder 90 år.

Han blev født på Vær præstegård, hvor hans far Hans Christian Andersen var præst. Da Jakob Andersen var otte år, flyttede de til Vester Åby, hvor Jakob Andersens far blev præst.

Efter endt militærtjeneste, hvor Jakob Andersen bl.a. var med i træfningerne ved den dansk-tyske grænse den 9. april 1940, hvor under han mistede nogle af sine soldaterkammerater, flyttede Jakob Andersen til København for at tage sin teologiske uddannelse ved Københavns Universitet.

Jakob Andersen boede på Regensen, og det blev basen for Jakob Andersens deltagelse i modstandsbevægelsen, hvor han var gruppeleder for en studentergruppe indenfor modstandsbevægelsen.

Efter endt uddannelse var Jakob Andersen blevet opfordret til at være lærer på Nøddebogård i Nordsjælland.

Herfra kom han til Ringe Kostskole på Fyn. Hvor han første gang fik afprøvet sine demokratiske holdninger til måden at undervise sine elever på. Herfra kom han til Den Frie Lærerskole i Ollerup, og her fortsatte han med sine demokratiske tilgange til læreprocesserne, hvilket ledelsen på skolen ikke ville stå model til, hvorfor Jakob Andersen drog derfra for at bevise, at det kan lade sig gøre at etablere og drive en skole på demokratisk grundlag.

Det blev efter en masse cykel trampning Sydfyn rundt til Rantzausminde Efterskole ved Svendborg. Jakob Andersen fik både økonomisk og anden opbakning til sin idé under cykelturene rundt til gårdmænd, husmænd, lærere, præster og andet godtfolk, så han i 1956 kunne åbne den første skole i Danmark, der byggede på et demokratisk grundlag, hvor elevernes stemme var lige så god som en lærers. Og hvor eleverne både var med til at lave regler for skolen og beslutte temaer i selve undervisningen.

Jakob Andersen sluttede sin forstandergerning i 1978 efter at have levet og åndet for den demokratiske skole.

Jakob Andersen var i mange år også en flittig foredragsholder om den frie og demokratiske skole. Det førte ham ikke alene rundt i hele landet men også til udlandet, hvor han blandt andet i Tyskland og Schweitz holdt foredrag for hundredvis af folk repræsenterende undervisningssystemerne i Europa.

Jakob Andersen var igennem mange år et aktiv i forskellige udvalg under Undervisningsministeriet, hvor han var med til at forme blandt andet tankerne omkring den livslange uddannelse.

I 2002 lavede Kathrine Jensenius en film om Jakob Andersen og hans pædagogiske ideer og livssyn: "Hvad er et menneske uden de andre", som i dag vises på mange skoler og uddannelsesinstitutioner, og filmen kan lånes på landets biblioteker.

SYDFYNS STORE SKOLEMAND

Nekrolog af Ole Vidsø - Fyenske Medier

Jakob og Birte er begravet på Egense Kirkegård

Lars Jakob Andersen, tidligere forstander på Rantzausminde Efterskole, er død, 94 år

- Fuldt demokrati, ligestilling, ansvarsbevidsthed, tolerance og frihed under ansvar, kort sagt: Vi mennesker frem for egoister...Sådan opsummerede den tidligere forstander Jakob Andersen, Svendborg, der nu er død i den høje alder af 94 år, sit grundsyn for den skolegerning, han udøvede som forstander på Rantzausminde Efterskole fra 1956 til sin fratræden i 1977.

Hans livssyn var præget af en skønsom blanding af glad optimisme og tro på fremvoksende nye generationer. Hans tanker og holdninger blev landskendte, og hans begreb "Rantzausminde-pædagogik", dækkende over progressivt skoleprogram, hvor Grundtvig i syvende potens er førstelæren, hvor eleven er ligestillet med læren, og hvor nøgleordet som medansvarlighed, samarbejdsevne og forståelse for andre og deres synspunkter er afgørende for helheden.

Jakob Andersens holdning og undervisningsform gav genlyd - og debat - over det ganske land. Han var arg modstander af det "kæft, trit og retning" system kun alt for godt kendte fra sin egen skoletid. Det livssyn ønskede han ikke at give sine egne elever med som livets ballast. Tidligt og med eftertryk bragte han fuldt demokrati ind i både undervisning og omgangsform.

Eleverne skal ikke som i 50'erne sidde med næsen i samme retning, svare på de samme spørgsmål og få undertrykt deres personlige initiativer, sagde han engang og tilføjede: Det var en skole, hvor der blev lagt større mere vægt på hukommelsesevne end på vurderingsevne, kort sagt en opdragelse til "følgagtighed".

Jakob Andersens banebrydende undervisningsform gjorde Rantzausminde Efterskole landskendt og uden besvær med elevpotentiale.

De unge førte han i bogstavligste forstand ind i sin dagligstue, han lærte dem en livsholdning baseret på medmenneskelig respekt og glæde ved og støtte hinanden. Ikke noget med og trykke sig men frejdigt deltage i debatten og øge sin viden om samfundsforhold, også ved nysgerrighed at opsøge biblioteker og andre kulturbaser.

Eleverne blev forpligtet til selv at fungere og samtidig udvise rundhåndethed overfor de svagere kammerater med vanskeligheder for at klare sig.

Det vakte overraskelse langt uden for skolens naturlige enemærker, da Jakob Andersen allerede som 60-årig valgte at forlade sit livsværk. Det skete på ingen måde fordi han var kørt træt i sit arbejde, tværtimod. Han fortsatte ikke bare med sine mange foredrag, debatindlæg og hyppige besøg på skolen. I seks år underviste han også på Langelands Efterskole og fra 1972 var han i nogle år formand for foreningen Norden i Svendborg.

Længe efter sin fratræden mødtes han stadig med sit efterfølgende forstanderpar til debat om skoleforhold, samfundsudvikling, undervisningsform og meget andet. - præcis som det i hele hans voksne tilværelse skete i hans store vennekreds landet over. Både lokalt og videre ud blev der lyttet til den livskloge, karismatiske skolemand fra Sydfyn.

Langt op i hans alderdom kvitterede skolen for hans indsats bl.a. ved dagligt at lade elever bringe ham frisklavet middagsmad - både maden og mødet med dens unge overbringere var en kærkommen gestus i den gamle skolemands hverdag.

Jakob Andersen blev født i Væhr ved Horsens, men da hans far, der var præst, fik embede i Vester Aaby, blev familien fynboer. Da krigen brød ud, var han soldat ved grænsen og var ved sin død formentlig den sidste, der dengang deltog i de kortvarige kampe. Senere var han med i frihedskampen.

Under krigen valgte han teologi-sporet, studerede i København men brød af og kom til Den Frie Lærerskole i Ollerup, hvor han underviste i pædagogik og filosofi.

Det var herfra, han i 1956 blev hentet til forstandergerningen på Rantzausminde Efterskole, som han holdt over dåben og så effektivt prægede i dens barne -, teenage,- og til dels voksen tilværelse. Hvad han i Ollerup forfægtede på et mere teoretisk plan, omsatte han på efterskolen i praksis.

Når han fratrådte som 60 åring var det dels ønsket om "i god tid inden at være slidt op" at give plads for yngre lederkræfter, dels for selv på fuldtid at kunne beskæftige sig mere med literære impulser og foredragsvirksomhed.

Han kunne gøre det med rolig samvittighed, for både på skolen og i hans videre færd nåede han at sætte påskønnede og uudslettelige spor. Passivitet var for ham et fremmedord - specielt på det skolemæssige og åndelige niveau, samfundsudvikling, undervisningsform og meget andet.

MODSTANDSMANDEN

af Jakob Andersen

Jeg oplevede den 9. april ved grænsen. Hver femte mand i mit lille kompagni blev dræbt. Jeg glemmer aldrig den morgen. Hverken morgenlyset eller den sidste sne eller flyvemaskinerne eller lysprojektilerne eller de dræbte og sårede. Jeg tror, vi aldrig kan holde op med at føle, at der overgik os en blodig uret.

Danske modstandsfolk i kamp ved grænsen

Meningsløst og uhyggeligt virkede det at se folk, som var villige til at skyde på os - og som gjorde det. En af mine bedste soldatervenner, 17, så jeg styrte ned af en skrænt med en brændende motorcykel.

Jeg så også skytten i kampvognen, han skød ikke efter maskinen men efter manden på den. Jeg vil altid med et øjebliks varsel kunne genkalde mig et hvert sanseindtryk fra dengang. Jeg ved godt, at det kun er min egen lille oplevelse. Men for mig er den en stor, mægtig stor. Vi oplevede disse ting i en sammenhæng: det var vort land, der blev besat ef fremmede folk.

Vi troede, det skulle vare kort, men det blev optakten til fem lange år, hvor tilsvarende uret blev vist og gang på gang. Gid sådanne tider aldrig må komme igen.

Efter endt militærtjeneste, flyttede Jakob Andersen til København for at tage sin teologiske uddannelse ved Københavns Universitet. Jakob Andersen boede på Regensen, og det blev basen for Jakob Andersens deltagelse i modstandsbevægelsen, hvor han var gruppeleder for en studentergruppe indenfor modstandsbevægelsen.

Vi glemmer aldrig den 9. april

Jakobs forkærlighed for Sønderjylland gav sig også udslag i sammensætningen af eleverne. Der var altid reserveret 2 pladser til elever fra Sydslesvig.

Det samme gjaldt for Grønland, der var altid plads til elever fra Grønland, på vores hold var der 4.

MINDEORD

af Asger Baunsbak-Jensen

Forhenværende forstander Jakob Andersen, Svendborg. Ved Jakob Andersens død, 94 år gammel, vil han blive mindet af mange tidligere elever og lærere.

Fra 1956-78 ledede han Rantzausminde Efterskole. Han var stærkt inspireret af den skotske pædagog A.S Neill og hans kostskole Sommerhill, og han var således banebrydende med en ny pædagogik, hvor han inddrog eleverne i alle beslutninger.

Han havde en uafkortet tro på det enkelte menneske og dets bidrag til fællesskabet.

Hans pædagogik vandt genklang hos de folk, der senere udviklede TVIND-skolen og hos Jakob Andersen startede "Den Rejsende Højskole".

Denne højt begavede skolemand var præstesøn og blev selv cand. theol., men han viede skolen hele sit arbejds liv, først som lærer på Den Frie Lærerskole i Ollerup, derefter som leder af Rantzausminde Efterskole.

Som pioner inden for skoleverdenen mødte han også modstand, og han kunne have en ironisk distance til sine omgivelser. Men alle, der lærte ham at kende, nød godt af hans menneskelige varme og nærvær.

Fra 1967-69 var han medlem af Efterskole foreningens bestyrelse, og i 1987 trådte han til som midlertidig forstander under en krise på Rudkøbing Efterskole.

Amdi Petersen med en bus fra Den Rejsende Højskole. Højskolen blev oprettet på Rantzausminde Efterskole og holdt til på skolen, i mens busserne blev gjort klar.
Forholdet til skolen blev et par år efter noget køligt og de måtte flytte.
(Amdi Petersen var selv blevet en udbytter, sagde Jakob Andersen).

Skolen var anderledes efter datidens normer, og derfor blev der også skrevet meget om skolen i pressen!!

SKOLEN TILHØRER ELEVERNE

Artikel fra Børnene og Vi (1968)

Det begyndte for 10 år siden i et stråtækt hus. Men senere er der bygget meget til. Klokken hænger på en pæl udenfor spisesalen, den spiller en væsentlig rolle for fællesskabet. Bag det stråtækte hus ligger en ny bygning med elevværelser for 24 piger.

Børnene og Vi besøger en skole hvor det er eleverne, der bestemmer det hele, og hvor forstanderen kun har bestemt ikke at ville bestemme noget...

Rantzausminde Efterskole ligger i et mildt landskab ved en hyggelig landevej i nærheden af Svendborg. Man kan komme der, hvis man er mellem 14 og 18 år en alder, hvor mange trænger til miljøskift. Skolen har absolut demokratisk selvstyre, det vil sige, at eleverne selv skal finde frem til de love, der skal overholdes og selv finde frem til de emner, de ønsker at fordybe sig i.

Artikel fra Børnene og Vi (1968)

En klokke ringer!

Det kan godt være, at tre af pigerne er ved at ordne hår på hinanden og er delvis beklædt med strittende hårruller. Det er muligt, at et par stykker er midt i en spændende bordtenniskamp, at nogle vasker sokker - og to holder stævnemøde ved gavlen. At forstanderen er ved at forberede et foredrag, og at elevernes formand netop har lagt sig for en middagslur.

Når klokken ringer, forlader alle deres gerning og stiler mod biblioteket.

Piger med hårruller under hastigt knyttede tørklæder, stævnemødeparret med hinanden i hånden, forstanderen med den kuglepen, han ikke fik lagt fra sig på skrivebordet, formanden med missende soveøjne.

Man samles og fordeler sig på stole, borde og gulv. Hvem har indkaldt til generalforsamling- og hvad drejer sagen sig om?

På Rantzausminde Efterskole er generalforsamlingen øverste myndighed for alle samkvemsproblemer. Den består af alle elever og alle ansatte. Generalforsamlingen vedtager skolens love.

Forstander Jacob Andersen har skrevet i tidsskriftet Unge pædagoger«:

Love opstår kun ud fra konfliktsituationer: Gentagne sammenstød af forskellige interesser kræver regulering, og en lov må vedtages. Diskussionen, der går forud, søger at belyse rimeligheden i parternes forskellige krav, og den enkelte, som ved, at han må rette sig efter loven tager forsigtig stilling og stemmer derefter.

Diskussionen om, hvordan man mest muligt kan tage hensyn til folks forskellighed, dukker op gang på gang. Alle har for eksempel ikke brug for lige megen søvn.

Artikel fra Børnene og Vi (1968)

Hvordan kan man i lovgivningen om sengetid eller tidspunkt for ro tage rimeligt hensyn til det? Situationen appellerer til mobilisering af idé rigdom, og det viser sig. at skiftende hold laver vidt forskellige tilfredsstillende ordninger.

Hvis lærerne havde lavet et reglement. Skulle hvert hold, hvor forskellige de end var, rette sig efter samme regler, og det ville kun vække opposition. En positiv indstilling over for loven opnås bedst derigennem at eleverne føler en medansvarlighed for den eller en slags ejendomsret til den.

Elev Janne skriver i skolebladet:

"Ja, hvorfor har vi generalforsamling jo, det er fordi, at når klokken ringer uden for det normale, bliver folk så glade og løber mod biblioteket, sætter sig mageligt til rette eg nyder at være samlet.

Generalforsamlingen - er samlet - er lig med glæde.

Formanden Ulla til højre Hun er formand i 14 dage, så vælges der en ny formand. (Ole mandix siddende ved siden af Torben Andersen med hånden oppe.

Artikel fra Børnene og Vi (1968)

Ruth og Albert har venligst indvilliget i at holde møde med mig i lærerværelset. Ruth kommer fra Amerika. Albert fra en gård på Fyn. Der vælges en ny formand hver 14. dag og Ruth har netop afsluttet en 14-dages periode som formand med Albert i bestyrelsen.

- Jeg kan ikke helt forstå de generalforsamlinger...?

Albert: - I begyndelsen kan det også være svært at forstå. For mig var det noget helt nyt, og jeg kunne lide det fra starten. Hjemme på den skole hvor jeg kommer fra, kunne man nok stemme, men det var lærerne, der tog den endelige afgørelse.

Ruth: - Jeg kommer fra en skole med 800 elever, så der kunne demokratiet ikke blive det samme som her, hvor vi kun er 54. Så på en måde var det nyt for mig at hele skolen skulle til og bestemme alting.

- Hvad har i så bestemt?

Albert: - Det skifter lidt. Jeg mener vi kan jo bestemme om igen. Vi snakker om det.

Ruth: - I begyndelsen var der mange der ikke turde sige. Flere og flere tør, og så bliver resultatet jo anderledes.

Albert: - Der har været så mange sager ...I går havde vi for eksempel tre generalforsamlinger ...

- Og alle kommer, når klokken, når klokken ringer..?

Albert: - Nogle er jo dovne, men de sætter alligevel pris på systemet.

- Eksempler på sager?

Albert: - For eksempel sengetid eller den tid, der skal være ro. I begyndelsen havde vi nogle fester, hvor vi blev ved, men så var der nogen, der blev trætte og ikke kunne få fred. Det er bestyrelsen, der tilrettelægger festerne, så nu fastsætter man et klokkeslæt, hvor de slutter.

(Samtalen med Albert og Ruth foregik i oktober. Jeg kom igen i slutningen af januar. Da var man godt træt af fester og ville hellere samles om noget fornuftigt. Bea).

Artikel fra Børnene og Vi (1968)

Ruth: - Så har vi vedtaget, at drengene ikke må komme på pigernes soveafdeling og omvendt. Jo, hvis man vil invitere, ellers ikke. Man vil engang imellem have fred for hinanden.

Albert: - Vi havde valgt et filmudvalg, som skulle sørge for film hver søndag. Det gik i fisk, men genneralforsamlingen tilgav dem, for ikke at få filmene hjem.

Jakob

Vi har stemt om lange og eller korte weekender. Og vi har snakket meget om kammeratskabsproblemer. Der har været nogle klikker, som var for stærke og ødelagde det for de andre. De sluttede sig sammen og lagde en skal om sig, som vi andre ikke kunne komme igennem, hvis vi ikke havde haft generalforsamlingen. Vi fandt på noget med at flytte, så de stærke ikke var samlet på eet sted. Det var for at redde de andres sammenhold...

- Fandt kliken sig i det?

Albert: - Ja, vi er da alle på talefod.

- Arbejder i også med lærernes problemer?

Albert: - Ja, både lærere og elever kan rejse problemer på generalforsamlingen, og lærerne må rette sig efter lovene ligesom eleverne. En overgang var man slem til at komme for sent til timerne, og så blev det vedtaget, at den, der kom forsent til timerne måtte gå igen.

Hvis læren kom forsent, blev han smidt ud af eleverne.

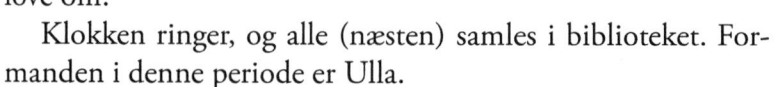

Birte

Ruth: - Somme tider bestemmer vi, at lærerne skal bestemme. Især i begyndelsen. Men det går hurtigt over igen.

- Hvor langt kan i bestemme?

Albert: - Vi skal jo overholde en grundlov, der gælder for alle skoler. Det skal lærerne jo også. Vi må ikke drikke spiritus, og ... ja mere er der vist ikke. Resten laver vi selv love om.

Klokken ringer, og alle (næsten) samles i biblioteket. Formanden i denne periode er Ulla.

Ulla: - Hvem har indkaldt?

Niels: - Det har jeg. Jeg kom forbi israelernes gruppe. (*Israelerne er den flok elever, der i øjeblikket samles om at studere Israels historie. Bea*), og der så jeg, at Jan havde taget brandslangen og sprøjtede på de andre - han ramte også mig - og Niels L stod og pumpede.

Generalforsamlingen kommenterer ret kort. En siger, at man skal da have noget sjov, og en anden siger, at Jan og Niels L må holde op med at studere Israels historie. Jan og Niels L skal selv sørge for, at vandbeholderen kommer til påfyldning igen, er den mest udbredte mening.

Jakob (forstander): - Jeg skal nok sørge for vandbeholderen, og Jan og Niels L kan ikke længere komme i "Det grå" loft-rum.

Ikke mere snak om det. Man går atter hver til sit.

Jeg sidder med tre af eleverne.

- Er det demokrati? Finder i jer i det. Det var jo jeres forstander, der uden videre tog afgørelsen.

- Nej det var noget særligt, siger Janne.

- Brandslukningsapparaterne skal jo være i orden... og det er Jacob der har ansvaret for lærernes rum, siger Mogens.

Der læses på lektien

- Sagen er den... Siger Lars. - Israelerne havde fået lov til og bruge lærerenes private rum til og holde gruppemøder i. Vi bestemmer ikke over de rum, nogle af eleverne var gæster der. Og så har lærerne selvfølgelig lov til og smide israelerne ud hvis de ikke opfører sig ordentlig.

Det banker på døren.

Hør bare, der har vi israelerne, siger Janne - Nu kan de ikke finde noget sted at være, nu hvor lærernes gæstfrihed er standset. De har mapper under armen. Deres studielyst er ikke svækket.

Klokken ringer! Birte har indkaldt. Hun er tydelig utilpas...

- Jeg kan bare ikke holde det ud længere, siger hun. - Hvis Flemming skal blive ved at gå til keramik, melder jeg mig fra.

SKOLEN TILHØRER ELEVERNE - fortsat

Artikel fra Børnene og Vi (1968)

Sagen trevles op, og det viser sig, at Flemming er slem til at drille de andre i lertimerne. For resten gider han heller ikke være med til at feje, når timen er slut.

Flemming: - Jamen, jeg har fejet de fleste gange, og så skulle jeg feje igen.

Tordenskjold vejes

Lydlære lyder måske ikke morsomt, men det er det, når man lærer det nærmere at kende. Ved de for eksempel, hvad "Tordenskjold i søen sprang vejer i kg?" Man skal først konstruere et apparat som vist på billedet, dernæst måler den kraft, hvormed strengen på apparatet skal trækkes for at give den rette tone. Når alle tonerne er spillet igennem, lægger man anstrengelserne sammen og får et musikalsk resultat i kilogram.

Grete: - Det er sikkert heller ikke bare fordi, du ikke vil feje, at Birte indkalder til generalforsamlingen.

Birte: - Nej, det er det hele. Man kan overhovedet ikke koncentrere om arbejdet, når Flemming driller...

Nogen forsoning inden for keramik gruppen er ikke mulig. Der stilles forslag om, at Flemming lover at forbedre sig altså. Flemming kan komme i en anden gruppe. Hvis han forbedrer sig altså. Men ved en gennemgang af grupperne finder man ud af at alt er optaget.

Lena: - Så vil jeg forslå at lærerrådet tager sig af Flemming. Forslaget vedtages. Jeg kan ikke lade være med at se over på Flemming.

En slagen mand. Opløst, mast, udslettet, kørt over?

Han ser lidt trist ud.

-Hvad nu med Flemming? Spørge jeg bag efter en af pigerne.

Han har altså drillet lidt for meget, så man er vel nødt til det, siger hun.

Artikel fra Børnene og Vi (1968)

- Hvad nu med Flemming, spørger jeg forstanderen.

Vær ganske rolig for, at der bliver ikke krummet et hår på Flemmings hoved. Var der det mindste tilløb til det, skulle generalforsamlingen nok gøre vrøvl.

- Og Flemming? Spørger jeg en af drengene.

- Hvis nogen bliver forfulgt, er der altid en masse af pigerne, der råber op. Men denne gang var det pigerne, der ville have ham ud af gruppen. Så han bliver ikke rigtig ked af det. Han får mulighed for at komme ind i en ny gruppe i overmorgen, når vi skal vælge nye emner.

I mellem tiden tager lærerne sig af ham, så han har noget med. Så får han en gruppe helt for sig selv.

Jeg er nu lidt bekymret for Flemming. Jeg syntes at det må være umenneskeligt at blive udelukket af fællesskabet. Oven i købet af en 48 mand høj, enig generalforsamling.

Men jeg finder Flemming hyggeligt forankret i biblioteket. Der er ingen tvungen stemning. Man har måske nok følt sig foranlediget til at beskytte sig mod hans drillerier i keramik timerne. Men ingen fælles front udelukker ham fra andre sammenkomster.

Geografi i gruppen

Måske - jeg siger måske, men jeg er sikker på systemet - måske fordi eleverne ikke skal opfatte sig selv i forhold til en lærerafgørelse, altså rent ud sagt ikke være spytslikkere overfor autoriteterne, men selv træffe afgørelserne. De mister ikke prestige ved tilsyneladende at være sammen med en tilsyneladende udstødt. Dermed behøver man aldrig at vælge en at udstøde.

Klokken ringer (men nu skal jeg nok holde op med at snakke om generalforsamlinger. Det er middagsmad, det gælder).

Forstanderen siger hverken værsgo eller giver tegn til opbrud, som jeg har set på andre skoler. Man spiser simpelthen, og når man er færdig, har de forskellige gruppeformænd blandt eleverne noget på hjertet: et gruppemøde skal aftales eller en meddelelse gives. Man samler tallerkenerne for bordenderne og spredes i smågrupper.

Jeg nævner det som modsætning til skolesystemet med en forstander klart i spidsen. Man spiser, når han giver tegn, man rejser sig, når han siger til. Han kan rejse sig og give anvisninger til eleverne eller måske uddele en skideballe over regler, over regler, der ikke er blevet overholdt. Stemningen ved et sådant skolebord kan været præget af pludselig larm og undertrykt fnisen. Når man er gæst sidder man lidt på nåle. Bange for ikke at opføre sig korrekt. Bange for, at eleverne skal være for støjende , så de får bydende blikke fra forstanderen. Jeg nævner det ikke med adresse til nogle bestemte skoler, kun til det autoritære skolesystem. Vil man have larm, fnis og oprør, skal man blot sørge for en autoritær ledelse. Demokratiet derimod - det fungerer langsomt, langsomt og med mange afbrydelser. Men giver arbejdsglæde.

Til højre for sidder Karen, ved siden af hende Erik. På venstre hånd har jeg Annelise og Preben. Overfor mig sidder Lasse.

- Kan I lide at være her?

Karen: - Ja, det kan vi. I begyndelsen var der mange der ville hjem. Jeg ville også.

- Annelise: - Der er kun én som er rejst for alvor. Der var en anden, der rejsete, men han kom igen!

- Lasse: - Der var ingen, der tvang os til og blive.

- Erik: - Vi blev ikke engang overtalt. Jakob sagde bare, at det var da i orden , hvis vi ville hjem. Jeg tror nogle af os syntes, det var så kaotisk. Men så gik det bedre og bedre.

- Lasse: Der er jo altid nogen som vil lave ballade, men efterhånden som vi fik knækket de stærke fyre, fik vi et godt kammeratskab.

- Knækkede I dem? Hvordan har de det så nu...de stærke?

Artikel fra Børnene og Vi (1968)

De har det da godt. Det var jo ikke på den måde, de blev knækket. Vi kan næsten sige alting til hinanden på generalforsamlingen.

Karen: - Årh... det kan nu godt gå hårdt til.

Erik: - Jamen, så er der altid nogen, der begynder at forsvare dem, det går ud over.

- Er I her frivilligt?

Annelise: - Ja, jeg tror ikke Jakob vil have nogen som er blevet tvunget af deres forældre.

Lasse: - Jeg tror nu nok, der er blevet for kraftigt overtalt.

Annelise: - Det er da også dem, som har sværest ved og finde ud af det.

- Er det dyrt at være her?

Lasse: - Der er vist ikke mange, der betaler det hele selv. Skolepengene er 500,- kr. om måneden, og så er der noget med momsen på 25 kr. om måneden samt penge til materialer. Men staten betaler halvdelen af de 500 og i nogle tilfælde mere.

Bestyrelsen planlægger en fest. Skolen mangler et orkester og ærger sig over, at de fem-seks spillende elever, der ikke er blevet aktiveret endnu. Men det skal nok lykkedes, når man bare griber rigtig an.

Ens hjemkommune kan hjælpe med at betale resten.

Erik: - Jeg betaler ingenting, for jeg kommer fra et børnehjem.

Karen: - Mine forældre betaler 250 kr., men så får jeg ikke ret mange lommepenge, så jeg har næsten aldrig råd til og tage hjem.

Erik: - Vi har det da også hyggeligt her, når de andre er på weekend.

Karen: - Ih ja, så er vi ikke så mange, så kan man meget bedre arrangere noget.

- Hvad skal I, når I er færdige i juni?

Lasse er den eneste der ved det:

- Jeg skal være konstabel.

- Tror du at du kan vænne dig til det, nu du er blevet vant til en superdemokratisk ånd?

Lasse: - Tja... det er en god uddannelse .

Karen: - Jeg tror, at vi vil klare os mægtigt godt på en hvilken som helst arbejdsplads. Jeg tror, det bliver os som på en måde vil påvirke de andre, fordi vi har været med til så meget her.

- Men lærer I nu også noget?

Går hele tiden ikke med generalforsamlinger om opførsel, og fester?

Karen: - Bestemt nej. Vi har almindelige fag som dansk og regning og engelsk, og så vælger vi emner. I øjeblikket er der boliglære, teatergruppe, lydlære og... noget med istiden. Israel, Vietnam, keramik, rya-knytning, fotografering og kjolesyning.

- Har I selv fundet på¨emnerne?

- Ja, der er en eller anden der foreslår noget, og hvis der så er tilhængere, danner man en gruppe.

Birte og Jakob Andersen har deres lejlighed lige ved siden af

Artikel fra Børnene og Vi (1968)

biblioteket. Mærkværdigt så fredeligt der er. Der er tre egne børn og to hunde. Der kommer nuværende elever og skal sige to ord eller har meget og snakke om. Der kommer gamle elever, der bliver budt på en øl, nu må de godt drikke spiritus.

Så kommer der også af og til en nysgerrig journalist med fotograf. Men alt er underkastet en fredelig rytme, som må komme af god tid og fuld opmærksomhed på det, der sker her og lige nu.

- Kan eleverne også blande sig i selve undervisningen?

Jacob Andersen: - Ja, selvfølgelig. Skolen tilhører eleverne så længe, de er her. Lærerne står til deres rådighed.

Når eleverne kommer, fremlægger vi et forslag til en undervisnings-

Geografi - rya knytning - kjolesyning - istiden... Intet emne skal være en fremmed, når blot en af eleverne stiller forslag om, at det skal tages op, og der kommer en tilslutning fra mindst fire andre elever.

plan, og det bliver i reglen accepteret. Når der er gået et stykke tid, tager vi planen op igen, og så kommer der nye forslag.

- Det er ti år siden. De startede her. Vidste De dengang, at De ville drive skolen efter så gennemførte demokratiske principper?

J. A.: - Ja, det var simpelt hen betingelsen for. at jeg ville gøre det.

- Var De ikke bange?

J. A.: - For hvad?

- For at det skulle tage magten fra Dem. Hvordan kunne De vide. at det hele ikke ville drukne i kaos? Var De ikke bange for, at eleverne blev tøjlesløse, røg, drak og fik børn i utide?

- J. A.: - Jeg er nu ikke sa bange af mig. Vi var syv børn hjemme, og vi blev opdraget strengt parlamentarisk. Jo, eleverne ryger pa skolen. Vi har aldrig haft noget spiritus problem, og kun en eneste elev har været gravid. Hun var det. da hun kom her

Og kæresteparrene?

J. A.: - Det er da hændt, at de gerne har demonstreret lidt og stillet sig i vejen på trapperne, når lærerne skulle forbi. Selvfølgelig er der nogen, der finder hinanden. Men jeg har nu aldrig opfattet det som et dilemma. Har jeg min mening, siger jeg den selvfølgelig. når lejlighed gives.

- Hvilke slags børn kommer her?

J. A.: - Alle slags. Fra hele landet, børnehjemsbørn, børn fra problematiske hjem og børn fra solide hjem.

Opstår der ikke mindreværdsoplevelser hos de elever, der ikke har en solid baggrund?

J. A.: - Nej, bestemt nej. Man er meget åbenhjertige over for hinanden.

- Vil De have noget imod at sætte Dem over i lyset? Vi skal have et portræt af Dem og Deres kone.

J. A.: - Er det nu nødvendigt? Her på stedet er forstanderen ikke nogen vigtig figur.

- Jamen alligevel. Det er dog Dem og Deres kone, der har bestemt, at De ikke vil bestemme.

Fotografen er højt værdsat for sin overtalelsesevne. Han får virkelig knipset både Jacob og Birte Andersen. Det er jo dem og ingen andre, der har skabt deres egen betydningsløshed, det vil sige givet plads for andre menneskers betydningsfuldhed. Uanset om de andre er 14 år og elev eller 47 og lærer.

Bea.

FORMANDENS BERETNING

af bestyrelsformand Viggo Hannemose

Ved generalforsamlingen i aftes på Rantzausminde Efterskole fremlagde forstander Jakob Andersen i en lille tale skolens program. Han slog fast, at han allerede da han begyndte ved skolen i Rantzausminde havde andre synspunkter for arbejdet med de unge, end dem man havde nærede ved andre efterskoler. Skolefolk der kendte hans ideer havde tilrådet ham at lave en forundersøgelse, hvor ideerne kunne afprøves.

Hovedformålet med undervisningen i en ungdomsskole bør være at forberede eleverne til at være borgere i Danmark. Men de kan ikke klare sig med den indstilling og viden, vi kunne klare os med i 30-erne, for det er en helt anden verden, de går ind til. Vi må lære at lave om på vores målstok.

Som noget af det vigtigste, der skulle læres, nævnte forstanderen: medansvar, tolerance, hjælpsomhed og evne til at lære selv samt hensynsfuldhed overfor medborgerene.

De fleste efterskoler taler meget om de høje ting, der ikke kan vejes og måles. Det gør vi måske nok mindre ud af. Men vi prøver at indøve det i eleverne, sagde forstanderen.

Som noget særligt ved skolen nævnte forstanderen den specielle arbejdsform, man anvendte en hel del, nemlig gruppearbejde med selvvalgte emner. Fire elever gik sammen om at arbejde med et bestemt emne, som de selv valgte. De lærte blandt andet derved at benytte sig af hinandens forskellige evner og anlæg og respektere hinandens forskelligheder, hvad der gav dem en anden vurdering af hinanden, end den de ellers ville anlægge. Lærens opgave bliver ved den-

Rantzausminde Efterskole har et særpræg

Fremgik det af formandens beretning på generalforsamlingen i aftes

Ved generalforsamlingen i aftes fremlagde forstander Jakob Andersen i en lille tale skolens program. Han slog fast, at han allerede da han begyndte ved skolen i Rantzausminde havde andre synspunkter for arbejdet med de unge, end dem man nærede ved andre efterskoler. Skolefolk, der kendte hans ideer havde tilrådet ham at lave en forsøgsskole, hvor ideerne kunne afprøves.

Hovedformålet med undervisningen i en ungdomsskole bør være at forberede eleverne til at være borgere almindelig uden for skolen. For vi har selv vedtaget lovene, enhver skal rette sig efter.

I fritiden er lærerne ikke til stede som kontrollører. De er der bare. Det bliver på den måde et ligeligt forhold.

Ingen kan forlange, at eleverne skal være ens, men de kan lære at indrette sig efter hinandens særpræg.

Vi vil gerne møde vore elever med en udstrakt tillid, og vort arbejde med eleverne må ikke sigte mod et bestemt erhverv men på hele deres tilværelse.

af bestyrelsformand Viggo Hannemose

ne undervisningsform bliver en helt anden end den almindelige.

Han skal være parat til at give gode råd. Og han skal på lang afstand kunne se, hvor der er brug for ham.

Interessen bliver ved denne undervisningsform i reglen enorm. Og skolen har derfor kunnet gå med til en bestemmelse om, at en elev, der keder sig i en time, bare kan forlade klassen. Eller blive borte fra de timer der ikke interesserer ham eller hende

En demokratisk skoleform

En anden ejendommelighed ved skolens ordninger er, at eleverne selv bestemmer angående omgangsformen og fritiden.

En generalforsamling, hvor alle, der hører til skolen, har adgang, træffer bestemmelse om samkvems reglerne. Ingen har vetoret, heller ikke forstanderen eller lærerene.

Vi har den dristighed, sagde forstanderen, at vi stoler på vore elevers evne og vilje til skabe et god samfund på skolen. Ja, en da bedre end det samfund, der findes udenfor skolen. Man lærer om samarbejde ved at praktisere samarbejde. Vi har ikke her på skolen, den foragt for lovene som er almindelig uden for skolen. For vi har selv vedtaget lovene, enhver skal rette sig efter.

I fritiden er lærerne ikke tilstede som kontrollører. De er der bare. Det bliver på den måde et ligeligt forhold.

Ingen kan forlange, at eleverne skal være ens, men de kan lære at indrette sig efter hinandens særpræg. Vi vil gerne møde vore elever med en udstrakt tillid og vort arbejde, men på hele deres tilværelse.

***

BERLINGSKE TIDENE (1961)

af Helge Christensen

På Rantzausminde Efterskole lægger man i undervisningen stor vægt på, at man fremmer elevens initiativ, aktivitet, lyst til at tage ansvar, evne til samarbejde og til at vise gå-på mod, så de er veludrustede til at gå ud i samfundet.

Ved den lange sorte tavle i biblioteket på Rantzausminde Efterskole ved Svendborg Fjord stod en tidlig morgen for nylig en 16 års pige og forklarede frimodigt, hvad hun havde fundet ud af om mennesket i istiden under sin læsning af Johannes V. Jensen"Bræen".

En dreng havde læst Palle Laurings "Stendolken" og fundet ud af, hvordan istids folket levede deres familieliv, og en tredje havde studeret og tegne de redskaber, vore forfædre brugte under jagt og fiskeri og under arbejdet i skoven.

Sammen udgjorde de tre foredrags artige rapporter en helhed og gav et interessant billede af fortids hverdag og nutidssamarbejde.

De unge, som havde en lille gruppe studeret emnet istiden rollerne var blevet fordelt mellem gruppens medlemmer, og dens formand havde båret ansvaret for, at der virkelig var blevet bestilt noget, mens man arbejdede med stoffet. Hans sidste opgave var at rejse sig og meddele, hvad de enkelte havde beskæftiget sig med, og hvad de nu ville berette om for hele holdet.

To timer lyttede alle til gruppens arbejdsrapporter, som var baseret på såvel samarbejde som enkelt indsats. Det var en usædvanlig oplevelse i en skolestue, men det var heller ikke nogen sædvanlig skole.

SØNDAG DEN 24. DECEMBER 1941   *Berlingske Tidende*

Skolen, der uddanner de unge til at blive samfundsborgere

På Rantzausminde Efterskole lægger man i undervisningen den allerstørste vægt på, at den fremmer de unges initiativ, aktivitet, lyst til at tage et ansvar, evne til samarbejde og til at vise gå-på-mod, så de er veludrustede til at gå ud i samfundet

Af Helge Christensen

af Helge Christensen

En fuldstændig fri skole

Rundt om i landet ligger over 100 sådanne efterskoler. Ikke to er ens, hverken ydere eller indre, og det er netop det fascinerende ved denne skoleform, at den er så fuldstændig fri, at hvert enkelt efterskole kan bestemme sin egen arbejdsform og rytme.

I løbet af den sidste halve snes år er elevtallet på efterskolerne landet over blevet fordoblet og er nået op på over 10.000 om året.

Hvad er det da efterskolen tilbyder, og hvad vil den? Det er netop disse spørgsmål; Berlingske Tidende ønsker besvaret, fordi så mange har spurgt, efter at denne skoleforms enorme succes er blevet bekendt.

Efterskolen er beregnet for de 14-18 årige. Man kan sige, at den er et supplement til den almindelige folkeskole eller en foruddannelse til højskolen og naturligvis også ældre end folkeskolens 7. Og 8. klasse.

Spørger man, hvad efterskolen vil de unge, kan intet bedre svar gives end det, forstanderparret Birte og Jakob Andersen selv har skrevet i deres program, hvor det siges, at Rantzausminde Efterskole gerne medvirke til at gøre de unge glade, harmoniske, voksne mennesker med en videre horisont end den, børneskolen har kunnet give dem, at give dem indsigt i og forståelse af vort samfundsliv og dermed bedre evne til at vælge hver sin plads inden for dette, og forstå andres plads, at lære dem at arbejde selvstændigt med opgaver af forskellig art, at lære dem at udnytte deres fritid fornuftigt og få noget godt ud af den - i det hele taget at give deres liv forøget mening og indhold.

Da foredragene over grupperapporterne var overstået, gik eleverne til timer i forskellige fag, nogle skulle have regning og andre dansk.

Mens dette står på, har forstander Jakob Andersen og fru Birte inviteret på formiddagskaffe i forstanderens arbejdsværelse. Her er væggene behængt med malerier og tegninger af fru Birtes fader,

af Helge Christensen

Herluf Jensenius, og broderen Morten Jensenius, og nu er tiden inde til at få noget at vide specielt om Rantzausminde Efterskole og dens virke.

Vi får på vor skole, siger forstanderen, hvert år mellem 40 og 50 elever, alle fra 14 til 18 år gamle. Det er enten børn der er kommet i konflikt med deres sædvanlige skolemiljø, eller børn fra hjem hvor det er en familietradition, at man skal på efterskole.

Det er en meget vanskelig alder for de unge og deres hjem, men vi har aldrig besværligheder, hvad opførsel og tilpasning angår. Vi har både piger og drenge på samme tid, men andre efterskoler har i reglen piger om sommeren og drenge om vinteren.

- Skal skolens undervisningsplan godkendes af myndighederne?

- Nej vi er helt frit stillet, forstanderen skal derimod godkendes. Vi får nu og da besøg af en af statens tilsynsførende, men det mærker vi ikke, at han kommer for at inspicere, vi føler os mere, at han kommer for at hjælpe os.

- Vi underviser i 44 timer om ugen, og det betyder, at vi har travlt. Vi er 9 der underviser, og 5 af disse har fuldt timetal.

- De er teolog af uddannelse hvad er deres fag her på skolen?

- Jeg har i år emnefagene samt dansk og samfundslære, og min kone underviser i de samme fag.

- Hvilke forkundskaber hare deres elever når de kommer.

- De møder med vidt forskellig viden og kunnen. Den 1. november i år mødte 49 elever, som vi delte i 3 hold, netop baseret på deres kund-

Rantzausminde Efterskole har til huse i en gammel kommuneskole

skaber. Det er jo sådan, at nogle kan stave, andre ikke, hvilket viser hvor broget, det mennske materiale er, der også i dag slipper ud af den danske skole, men her skal vi heldigvis ikke nå et bestemt pensum.

- Har skolen et særligt åndepræg?

- Den er kun præget af respekt for dansk åndsliv og kultur. Den er åndeligt set meget rummelig og helt uden politisk tendens, fordi vi nødigt vil præge de unge politisk, men udelukkende lære dem at forstå vort demokrati.

- Jeg vil sige det sådan, at vi med vores skole søger at hjælpe eleverne ud i samfundet og at lære dem ting, de er tjent med at kunne når de går herfra.

- Får eleverne da et bevis på, at de har været på efterskole?

- Skolen kendes så godt af folk på egnen, som ved, hvad den borger for, men alligevel søger vi at give eleverne en særlig og fornuftig udtalelse, som folk kan stole på og antage de unge efter. Det er ikke noget eksamensbevis, men kun en udtalelse, som i almindelighed ønskes af 80 procent af vores elever.

- Hvad danner basis for denne udtalelse?

Vi har her på skolen den vane, at lærerne ofte grundigt snakker sammen om eleverne. De unge får at vide, hvordan vi vurderer deres indsats, og hvordan vi vurderer dem som medlemmer af vores lille samfund.

Man er på fornavn

- Eleverne kaldte Dem for Jakob, er det almindeligt at man er på fornavn?

- Det ved jeg ikke, her er det en regel, at man er på fornavn, og at vi er dus og gode venner.

- Går det ikke ud over respekt og orden?

- Slet ikke. Det er naturligvis sådan på skolen, at piger og drenge bor hver for sig, og det er forbud mod at komme på hinandens afdelinger.

På denne skole har eleverne selv udarbejdet visse love, som man retter sig efter, for selve reglementet er yderst kort. Der er indstillet på at følge reglerne.

- Hvordan lyder de regler der altid gælder?

- Kort og godt: Eleverne må ikke bande, drengene må ikke komme på pigernes afdeling og pigerne ikke på drengenes, hvis man fjerner sig længere fra skolen, end man kan råbes op, skal man altid sige, hor man går hen, man må ikke ryge i sengen, og man må ikke drikke spiritus.

Alle øvrige bestemmelser vedtager eleverne selv i samarbejde med skolens ansatte, og hver ansat har een stemme, når afgørelsen skal træffes. En af de første ting, vi lovgiver om, er sengetid. Eleverne vælger bestyrelse på 7 medlemmer, som bærer ansvaret for lovenes overholdelse.

Da de selv har vedtaget lovene , har vi aldrig noget vrøvl. Vi undgår konflikter på en række punkter, fordi de selv har organiseret det hele.

Når vi har lavet demokrati her, er det i tillid til, at de unge selv godt kan bære et ansvar, og fordi vi selv holder af vores demokratiske livsform her til lands.

- Det må betyde en umådelig forandring for eleverne at komme fra en folkeskole til en efterskole?

- Utvivlsomt og sagt i denne forbindelse undrer det os meget at den danske folkeskole i almindelighed ikke er demokratisk indrettet. Så vidt vi ved har eleverne kun sjældent nogen indflydelse på deres egen skoles organisering. Vi synes, de opdrages til at være lærerfølgagtige, for ikke at sige diktatorisk i folkeskolens form.

Hvordan skal man kunne vente, at unge, der har gået 7 år i deres skole, skal kunne gå ud i livet og tage ansvar som borgere.

- Hvad sker der med eleverne, mens de er her på Rantzausminde Efterskole?

- De forandrer sig uhyre meget i løbet af den periode de er her. Allermest betyder utvivlsomt den påvirkning, de giver hinanden, men selvfølge betyder lærernes påvirkning også meget. Værdifuldt ved efterskolen er, at den er en art kostskole, for man oplever hinanden i så mange skiftende situationer, at man får et andet og langt rigere grundlag for at kunne bedømme hinanden. Det er værdifuldt ikke blot at mødes som elever i en skolestue men også som mennesker ved måltider, leg og fester i et fælles foretagende.

Eleverne, husk det, er børn der er ved at blive voksne, de er på samme tid både børn og voksne og har således ikke blot brug for en skole, men også for medmenneskelig omsorg, gensidig respekt og hensyn.

Selve undervisningen

- Men nu selve undervisningen?

- Vi underviser i dansk regning og sprog, i fagene matematik og fysik samt samfundslære med erhvervsorientering. Vi har også manuelle fag som sløjd og håndarbejde og naturligvis gymnastik og sang.

Ja, så har vi vores emneundervisning, og her er vores form nok noget ganske specielt.

Vi har nemlig den opfattelse, at der skal være en vis overensstemmelse mellem den måde man arbejder på, den måde man organiserer sin skole på, og det samfund, som omgiver skolen, sådan at skolen bliver et organisk led i samfundet.

Jeg prøvede, da vi begyndte vores efterskole, at kikke på samfundet og hørte hos kloge folk, hvad eleverne ville have brug for. Man efterlyste, initiativ, aktivitet, lyst til at tage et ansvar, gå på mod osv., og desuden sagde man, at der ville blive brug for samarbejdsvilje mere end før i de år, der kommer, fordi flere og flere arbejdsprocesser bliver udført som teamwork.

af Helge Christensen

Kikker man så på folkeskolens, normale undervisningsfacon, klasseundervisning, og spørger, om den fremmer nogen af disse egenskaber, så kommer man i almindelighed til et negativt resultat.

- Her lærer eleverne at stå op og tale ganske frimodigt, at lede et gruppearbejde, og bære et ansvar for gruppens arbejde. Det er derfor ikke så mærkeligt, at vore elever, når de har forladt os og er kommet i gang i samfundet bliver klubledere, foreningsformænd osv.

De har fået et godt tag på at lede, at organisere og at samarbejde i demokratisk ånd.

Klasseundervisningen er effektiv og god, når man skal indlære en klasse et bestemt stof.

Men i klasseundervisningen finder man ikke denne plads for initiativ, for ansvaret er lagt på læreren.

Under denne undervisningsform blive hjælpsomhed eleverne imellem til snyderi. Der bliver aldrig en direkte adgang for eleverne til stoffet, fordi det altid er tygget først af læren. Man kan sige, at eleverne lærer at lære lektier, men det er der ikke brug for senere i samfundet. Der har man brug for at kunne sætte sig ind i ting på egen hånd, finde frem til det aktuelle stof, læse på egen hånd, sortere og vurdere. Det er det, man lærer her hos os.

Individuel undervisning forudsætter et stof, som er tilrettelagt sådan, at eleven kan puttes ind i den ene ende af stoffet og komme ud ud i den anden. Der sker det, at eleven gøres ansvarlig over for stoffet, han eller hun

En elevgruppe i arbejde med et fælles emne, hver med sin del af opgaven. Når emnegruppearbejdet er overstået, aflægger hver enkelt elev rapport for hele elevholdet og lærerene, hvorved de enkeltes indsats kommer til at udgøre et hele.

kan nok komme til at udvise en vis aktivitet, men eleven er alene uden plads for naboen og selvstændigt initiativ.

Det helt specielle

Det må være muligt at tilrette en undervisning, som har det hele, tænkte jeg, og her tænkte jeg, og hos den svenske pædagog Ester Hermansen fandt jeg noget, der kunne bruges som fremmende for de nævnte egenskaber. På grundlag heraf har vi her tilrettelagt 10 ugentlige timer med emneundervisning.

- Hvordan foregår den?

- Eleverne får lov til selv at vælge, hvad de vil beskæftige sig med, men de skal samle sig i grupper, om visse emner, så de får indset fordelen ved at hjælpe hinanden.

Efter 3 til 4 afstemninger når man frem til at samle sig om 4 til 5 emner inden for hvert emne dannes så en planlægnings komite, som fordeler arbejdet.

Vælger man et emne som f.eks. Grønland, det gjorde vi i sidste sæson, så kan eleverne beskæftige sig med geografien, befolkningen, religion og sagn, erhvervene, nordboerne. Hans Egede, forskningen samt administrationen. Her er arbejde nok til en gruppe på 7 til 8 elever.

Man tager så til biblioteket i Svendborg, hvor man låner de nødvendige bøger og tidsskrifter, som så fordeles blandt gruppens medlemmer alt efter opgaverne.

Hver gruppe vælger en formand som fører en dagbog over, hvad der præsteres. Formanden har ansvaret for hele gruppens arbejde og for, at to ikke sidder og laver det samme. De arbejder en snes timer, læser, skriver og tegner. De må gøre, som de vil, men hæfterne skal gøres færdige.

Eleverne har hver i sær fornemmelsen af, at de laver en detalje, som skal passe sammen med de andre, og hver af dem slutter deres rapport i hæftet med deres eget ærlige skøn over, hvad de har fået ud af at arbejde med emnet, hvilke vanskeligheder de er stødt på under arbejdet.

Til sidst kommer så deres lille foredrag eller aflæggelse af rapport om man vil, om det de har fået ud af deres studium.

Det er en forbrydelse at kede hinanden, men det er en dyd at hjælpe hinanden, og højagtet er den, der er god til at finde på, og den som er nem at arbejde sammen med, vil man gerne være i gruppe med. Denne arbejdsform giver eleverne mulighed for en omvurdering af hinanden.

Den meget læsedygtige har måske mistet sit initiativ, og den svage til at læse, han som altid hævder sig på legepladsen, men som er tavs og indadvendt i timerne, får her igennem ofte et stort initiativ.

Man må dog kunne indse, at denne undervisningsform ikke blot er demokratisk, men også opdragende og uddannende. Vi har i hvert fald glæde af den her på Rantzausminde Efterskole.

- Men har de da slet ingen vanskeligheder at kæmpe med?

Jo da, vi har til huse i en gammel kommuneskole med ret dårlige bygninger, men vi udvider så hurtigt vi kan skaffe pengene til det.

Endnu mangler vi at bygge for ca. 800.000, før skolen kan blive ideel for de elever vi har, men vi ser lyst på det og erkender, at skolens indhold er og bliver det vigtigste.

Forstanderparret
Birte og Jakob Andersen er begge lærere ved
Rantzausminde Efterskole, men også en slags
far og mor for et halvt hundrede store piger
og drenge.

***

af Kristian List - Foto Jørgen Outzen

- VI STARTER MED AT KØRE 40.000 BALLER HØ I HUS...

- hos en bondemand på Skarø, man bor i bivuakker og fordeles efter lodtrækning. Jacob Andersen: — Du sku' se en forskræmt borgerpige fra et pænt hjem blive indkvarteret med tre rødder fra Københavns omegn. Du kan tro, de lærer noget af det, allesammen.

Af Kristian List. Foto Jørgen Outzen

På Rantzausminde praktiseres storrum-undervisning. Forstander og lærer har selv lavet udkast til lokalerne, som også rummer amfi-generalforsamlingsafdeling. Disse nye lokaler har også vakt opsigt blandt pædagoger.

På Rantzausminde praktiseres storrums undervisning. Forstander og lærer har selv lavet et udkast til lokalerne, (Birte Andersen har været arkitekt og inspirator på de fleste bygninger på Rantzausminde Efterskole), som også rummer en amfi generalforsamlingsafdeling. Disse nye lokaler har også vakt opsigt blandt pædagoger.

Velkommen til Rantzausminde Efterskole. Her skal vi i de næste 10 mdr. i fællesskab arbejde på at løse en række opgaver. Jeg kan ikke fortælle jer, hvilke opgaver, det bliver det op til jer selv - I skal selv lægge programmerne, medens vores job er at lære jer at lære. Vi kan nemlig ikke her og nu lære jer ting, I kan bruge resten af livet. Dertil går udviklingen for hurtigt i dag.

Fra skolens side sætter vi kun få grænser for jeres arbejde og færden. I skal overholde landets love og politivedtægten - og I må ikke ryge i sengen. Det er livsfarligt for jer selv og for vi andre!.

Sådan, omend i sammentrængt form, har forstander Jakob Andersen, Rantzausminde Efterskole i 22 år budt elevhold efter elevhold velkommen til den skole, han selv startede op i 1956.Nu trækker han sig tilbage. På onsdag bliver han 60 år.

af Kristian List - Foto Jørgen Outzen

Krævende at være skolemand.

Jakob Andersen er i pædagogisk forstand hel-broder til en anden kendt skolemand, som netop er gået på pension som skoleleder en halv snes år før, folk normalt går, Henrik Sidenius, Gladsaxe.

- Vi har i mange år talt meget sammen om både det ene og det andet, og har også inspireret hinanden til den frivillige og tidlige pensionering, vi begge har valgt, siger Jakob Andersen.

Det er krævende at være skolemand i dag - ikke mindst på en skole som denne. Det er noget med 80 timers arbejdsuge, fordi vi lægger vægt på at være meget sammen med eleverne.

Henrik Sidenius
På Kroggårdsskolen i Gladsaxe, ønskede Sidenius at samle et progressivt lærerkorps og opbygge et frisindet undervisningsmiljø, hvor demokrati og fællesskabet var i centrum. Han iværksatte forsøg med valgfag og klasser uden niveaudeling for 8. til 10. klasse.

Det er ikke "gas", når Jakob Andersen i sin velkomst giver udtryk for, at det er eleverne selv, der tilrettelægger arbejdet på skolen.

Straks efter ankomsten indkaldes der til generalforsamling på skolen. Generalforsamlingen er skolens øverste organ. Alle - fra havemand til forstander, fra elev til økonoma - deltager i mødet, ingen har vetoret men alle har én stemme.

Ekstraordinær generalforsamling

Ud over ordinære generalforsamlinger, er det en ret for hver enkelt på skolen på et hvilket som helst tidspunkt af døgnet, at sammenkalde til ekstraordinær generalforsamling med bestemte slag på klokken. Sådanne ekstra generalforsamlinger indkaldes hvis nogen føler sig groft generet af et og andet. Men presset fra alle andre, som har mødepligt - selv kl. 2 om natten - er så stort at, man ikke kalder sammen bare for sjov skyld.

- Hvordan opstod tanken om en skole med sådan en styreform og med specielle pædagogiske linje, I gennem alle årene har fulgt.

- Ideen tog form, medens jeg var lærer på den Frie Lærerskole i Ollerup. Under uddannelsen af lærerne optog det os

af Kristian List - Foto Jørgen Outzen

meget: Hvad vil unge mennesker, som skal leve deres voksenliv i perioden op til år 2000, være godt tjent med at have lært?

Alt forandrer sig

Vi kunne se, at alt forandrede sig i et tempo, vi aldrig før havde oplevet. Bortset fra helt konkret viden på områderne regning, læsning og skrivning, måtte vi erkende, at vi ikke på traditionel vis kunne udstyre de unge med viden, de ville kunne bruge hele livet. Viden forældes. Der rokeres på normer i begreber på godt og ondt osv.

Tidligere var det en pædagogisk opgave at tilpasse unge til det eksisterende samfund. Det er meget godt, men aldeles utilstrækkeligt, fordi samfundet nu ændrer sig meget hurtigt.
Vi endte med, at det vigtige måtte være "at unge at tilegne sig viden", "at indsamle, bearbejde og gøre op".

Det lærer man ikke i klasseundervisning, og det var 90 pct. af undervisningen i 50erne.

Jeg fatter ikke...

En lærerbog, som er fantastisk sammentrængt, blev læst organiseret overhøring blev foretaget, eleverne gik ofte i stå - måtte ikke hjælpes af kammeraterne, det var strafbart, og de unges forhold til stoffet blev dårligt.

Jeg fatter ikke, at forældrene fandt sig i denne form.

Vi talte sammen i Ollerup om problemerne, besluttede: Vi må anspore eleverne til initiativ, vurderingsevne, evne til at træffe beslutninger og her kommer forholdet til andre mennesker ind -lære de unge medansvarlighed, samarbejdsevne og tolerance.

Jeg og lærerene her på Rantzausminde Efterskole lægger vægt på, at de unge selv vælger deres emne i de forskellige projekter. Man skal anspore dem til opgaver på felter, de føler de kan klare. De skal ikke møde nederlag, men opleve sejre.

af Kristian List - Foto Jørgen Outzen

Det giver lyst til yderligere indsats. Vi er forskellige, vi mennesker, og vi skal behandles forskelligt, stilles over for forskellige krav. At stille samme krav til forskellige mennesker. Det er uretfærdighed, så det klodser! Jeg siger også til de unge ved ankomsten, at vi forventer aktiv medvirken, og selvfølgelig lever de op til det. De får ansvar og lever op til det.

Naturligvis overvåger vi lærere nøje udviklingen på den første generalforsamling. Vi siger måske også: Det er ok, at et flertal har besluttet sådan og sådan, men skal vi ikke lave en prøveperiode? Det går de fleste med til, og jeg skal love for, at de må justere deres egne ideer hen ad vejen. Men det er da helt i orden. De mærker, at deres ideer ikke kan bære og teorierne ikke kan realiseres.

40.000 halmballer

Den første tid er svær - især for eleverne. Alt er nyt, og ansvaret for, at det kan køre, føles fantastisk tungt. De sociale og andre forskelle kan give problemer. Derfor tager vi så snart skoleåret er begyndt en tur til Skarø, hvor vi bor i bivuak, hjælper en gårdejer med at køre 40.000 halmballer ind maler hans gård, vasker staldvinduer og meget andet. Vi fordeles i bivuakkerne ved lodtrækning - du skulle se en forskræmt borgerpige fra et pænt hjem blive indkvarteret med tre rødder fra Københavns omegn: Du kan tro at de lærer noget af det, allesammen.

På skolen kører vi året igennem en række projekter, og beskæftiger os med emner som enkelte eller grupper selv vælger. Efter "indsamling" og "bearbejdning" skal de skriftlig fremlægge deres arbejde og også selv give en karakterstik af indsatsen.

af Kristian List - Foto Jørgen Outzen

Vi lægger meget vægt på, at eleverne lærer at formulere sig. Almindeligvis opdrages unge til at holde kæft.

De unge - gode

Hvordan er de unge i dag?

- De er gode. De er langt mere kollektivt indstillet end før. Deres facon ændres, deres musik og påklædning ændres, men de er gode nok!

Rantzausminde Efterskole er anderledes end andre skoler derfor kommer der også pædagoger fra en række europæiske lande for at studere systemet.

- Det kedelige er blot, siger Jakob Andersen, at skønt de ofte synes om vor form, kan de ikke praktisere den hjemme. Intet land i verden har så liberal en skolelovgivning som vor. Her kan vi starte alle mulige skoleformer op og få 85 pct i statstilskud. Det er alle udlændinge imponeret over. Der er en Grundtvig til forskel på Danmark og andre lande!

N.F.S. Grundtvig

VI VAR ALLE FORSKELLIGE

af Ole Mandix

Vi var forskellige, og blev behandlet forskelligt!

Dette udsagn rummer en vigtig pointe om retfærdighed og ligebehandling, som ofte misforstås i debatten om ligebehandling.

Ligebehandling betyder ikke nødvendigvis, at vi skal behandle alle mennesker præcis ens. Tværtimod kan retfærdighed kræve, at vi tager hensyn til individers forskellige forudsætninger, behov og omstændigheder.

Når vi for eksempel i uddannelsessystemet eller på arbejdspladsen stiller de samme krav til alle uden hensyntagen til deres forskellige baggrunde, kan det virke uretfærdigt. Nogle mennesker har måske brug for ekstra støtte, tid eller tilpasning for at opnå det samme som andre, og det kan være en reel uretfærdighed at ignorere dette.

Denne forståelse er i tråd med idéen om konkret lighed, hvor fokus er på at skabe de samme muligheder for alle, men ikke nødvendigvis på præcis samme måde.

På samme måde er det inden for eksempel i sundhedssektoren og socialpolitikken vigtigt at tage hensyn til de forskellige behov hos mennesker, så behandlingen tilpasses den enkeltes situation. At give den samme medicinske behandling eller sociale støtte til alle uden hensyntagen til individuelle forhold ville ikke nødvendigvis resultere i den bedste hjælp eller retfærdighed.

Denne tilgang til retfærdighed anerkender, at mennesker er unikke, og at ægte fairness kommer af at give hver enkelt de nødvendige midler til at lykkes og trives – hvilket kan se forskelligt ud for forskellige mennesker.

På Rantzausminde Efterskole var, det det enkelte menneske, som var i centrum.

HVAD ER ET MENNESKE UDEN DE ANDRE

af Jakob Andersen

ANSVAR - MIG SELV - MIN VERDEN

Hvad er et menneske uden de andre?

- Ingen at snakke med
- Ingen at lege med
- Ingen at grine med
- Ingen at sælge til
- Ingen at købe af
- Ingen at avle til
- Ingen at skabe til
- Ingen at elske

Vi er hinandens tilværelse.
En brik i hinandens liv.
Du er en brik i mit liv.

Alt liv er samliv

Tænk om nogen sagde til mig:
Du var god at grine med,
du var god at følges med,
du var god at leve med.

MEDANSVAR - DE ANDRE - VORES VERDEN

ERINDRINGER FRA MINE 10 MDR.

af Ole Mandix

Jeg bør måske nævne at mange af historierne ligger næsten 60 år tilbage det vil derfor være naturligt at understrege og nævne et par visdomsord fra forfatteren Gabriel Garcia Marquez:

"Det som betyder noget her i livet er ikke hvad som skete, men det du husker og hvordan du husker det".

FÆLLESSKAB OG PERSONLIG UDVIKLING

af Ole Mandix

Et 10-måneders ophold på Rantzausminde efterskole har været med til at udvikle mig både fagligt og personligt.

Efterskolerne tilbyder ofte et undervisningsforløb, hvor der skal fokusere på både traditionelle fag og kreative eller praktiske fag. Dette var til min overraskelse ikke tilfældet på Rantzausminde.

Ofte er det for nogen første gang man skal være hjemmefra i så lang tid, og hjemve meldte sig da også hos nogle af mine kammerater.

At bo og lære sammen med jævnaldrende, giver mulighed for at udvikle færdigheder som samarbejde og empati. Man lærer at acceptere andre mennesker, og for nogle skoler også andre kulturer.

På Rantzausminde Efterskole havde vi eksempelvis en elev fra USA, 4 elever fra Grønland samt 2 fra Sønderjylland.

Opholdet gav os mulighed for at blive mere selvstændige. Vi lærte at tage ansvar for vores egen hverdag, og ikke mindst vores emne studier, og muligheden for at udforske vores interesser, hvilket hjalp os med til at styrke vores identitet og selvtillid.

På Rantzausminde havde vi et stærkt fællesskab, hvor nogle af os dannede livslange venskaber.

Skolen tilbød en bred vifte af aktiviteter, såsom sport, musik, teater og rejser alt sammen noget vi kunne melde os til eller deltage i. Ofte var det aktiviteter, som vi selv var med til at foreslå og som bagefter skulle accepteres på generalforsamlingen.

Opholdet har for mig været en livsforandrende oplevelse, der har bidraget til min personlige og faglige udvikling. På skolen lærte jeg, at lære, finde løsninger, acceptere kompromisser, og teknikker, som jeg har anvendt hele mit liv.

HVORFOR RANTZAUSMINDE EFTERSKOLE

af Ole Mandix

Efter endt skolegang på Katrinedals skolen i Vanløse, var jeg meget i tvivl om hvad jeg skulle beskæftige mig med i fremtiden. At læse videre havde jeg ikke lyst til. Allerhelst ville jeg gerne fortsætte med musikken, men det var der absolut ikke gehør for hos mine forældre. Det var der ingen fremtid i, mente de. Så, jeg fik samme besked som min søster, at når jeg havde fået mig en uddannelse, så kunne jeg spille alt det jeg ville, men ikke før.

Det bør måske nævnes at mine forældre var forstandere på et børnehjem på Frederiksberg og her var det absolut ikke velset, at man ikke fik sig en uddannelse.

Mine forældre mente at tiden var inde til lidt luftforandring. Jeg spillede og var bandets yngste medlem, så de øvrige medlemmer var noget ældre end mig, og kunne jo tillade sig mere end jeg kunne.

Stærkt tilskyndet af mine forældre anbefalede de, at jeg tog et efterskole ophold eller startede på en uddannelse. Det var ikke noget jeg jublede over.

På Kirsebærhavens skole havde vi, da jeg gik i syvende klasse, været på lejrskole i Svendborg. En af mine klassekammerater kendte en fra "gården", som var på efterskole i Rantzausminde. Vi fik lov af vores klasselære til at cykle ud og hilse på ham.

Det var første gang jeg blev med bekendt med Rantzausminde Efterskole.

Mine forældre bad mig om at vælge en efterskole, og så kunne Rantzausminde vel være lige så god, som en hvilken som helst anden skole, det gik jeg ikke så højt op i.

af Ole Mandix

Og da tiden var inde blev jeg kørt til Svendborg, og her skulle jeg møde mine nye kammerater. Holdet fra 1967-1968 er fotograferet foran den nye gymnastiksal, som blev indviet i 1968. Vi var dengang 54 elever i alt.

Gymnastiksalen var et fantastisk aktiv for skolen, her kunne vi samles alle sammen.

Gymnastiksalen blev først taget i brug de sidste to måneder af vores ophold i 1968, indtil da havde vi gymnastik og "selvforsvar" i forsamlingshuset i Egense. Vi cyklede derop i al slags vejr og det var ikke altid at forsamlingshuset var opvarmet i vinterhalvåret.

Egense forsamlingshus

Gymnastiksalen

SKOLESTART 67-68

af Ole Mandix

Starten på opholdet var noget speciel. Jakob Andersen ringede på den store skibsklokke foran spisesalen, og bad alle elever og forældre om at indfinde sig i spisesalen.

Da alle var samlet bad han forældrene om at tage afsked og køre hjem, og så kunne eleverne samles igen i spisesalen.

I dagens anledning havde "Lille mor" bagt æblekage. Efter at forældrene var taget af sted var vi atter samlet i spisesalen. Jakob Andersen tog ordet og erklærede at skolen nu var vores og at der var aftensmad kl. 18:00, hvorefter han, sammen med

Spisesalen og indgangen til undervisningslokalerne "Det blå" og "Syd.

Ved indgangen til spisesalen sad klokken som blev brugt når der skulle indkaldes til middag og Generalforsamling.

alle "kontaktlærerne" forlod lokalet.

Her sad vi så 60 elever og så på hinanden, og vidste ikke hvad der nu skulle ske.

Det eneste som lå fast var spisetiderne.

Sådan gik de første 8 dage.

En morgen tog Vibeke Agger initiativ til og vise os hvorledes vi kunne lave kartoffeltryk. Vi skulle trykke vores "kunstværk" på et stykke hessian, det skulle bruge som omslag til vores højskolesangbog, så vi kunne kende forskel på dem, vi sang altid om morgenen og til aftenteen, den blev brugt flittigt.

Jeg har senere erfaret at det var nøjagtig den samme skolestart holdt før vores og de efterfølgende havde i mange år.

af Ole Mandix

Det var en noget anderledes skolestart end jeg havde forventet. I folkeskolen fik vi at vide hvordan vores skema så ud for det kommende år og hvilke fag vi kunne vælge o.s.v. Det gjorde man da altid efter sommerferien, når vi startede i skole igen.

Men vi blev klogere, der gik i alt 8 dage hvor vi bare gik rundt og kiggede på hinanden - vi syntes alle at dette her var da noget mærkeligt noget.

Når vi spurgte "lærerne" om ikke vi skulle have et skema, så sagde de bare "hvad har du lyst til og lære"?

Det blev vi ikke klogere af, da vi gik i folkeskolen fik vi at vide HVAD vi skulle lære og hvilket pensum vi skulle igennem i løbet af året.

Som optakt til det vi senere skulle stifte bekendtskab med nemlig "Emnestudier" så foreslog man fra lærerne at vi kunne "studere" en fiktiv by Strandby.

Vi kunne melde os til tre forskellige grupper, en gruppe skulle skrive om Strandby i fortiden en anden skulle skrive om Strandby i nutiden og en tredie skulle skrive om Strandby i fremtiden. Ugen efter skulle hver gruppe så fremlægge deres resultater for de andre.

Det blev starten på mit kendskab til Emnestudier. En helt anderledes måde og tilegne sig viden på.
Arbejdsmetoden har jeg anvendt hver gang jeg stod overfor nye opgaver og udfordringer i mit arbejdsliv.

Med andre ord vi skulle lære at lære.

EMNESTUDIER

af Ole Mandix

Et var samværet, et andet var undervisningen, og her stiftede vi kendskab til noget som hed "Emne". Det mindede mest af alt om orientering, blot med den forskel at vi selv kunne vælge hvad vi ville beskæftige os med. Der skulle være mindst fire i en gruppe for at man kunne gå i gang med at studere emnet. Af emner jeg selv studerede kan jeg huske.

Israel - 7 dages krigen
Stereo som funktion - (var helt nyt dengang)
Kampflyvere
Fuglestemmer
Iholm - en lille ø i Svendborg sund som vi målte op
(Hver morgen roede vi over til øen i en båd som Jakob havde lånt)

etc.

En gang om måneden valgte vi et nyt emne, som vi så kunne (fordybe os i) studere i een måned, hvorefter vi fremlagde resultatet for de andre, enten som foredrag eller skuespil.

I "emne" lærte vi en teknik, hvor vi først skulle indhente oplysninger, bearbejde oplysningerne, evaluere vores materiale og til slut fremlægge resultatet. Det var en arbejdsmetode, som jeg har haft stor glæde af i mit arbejdsliv, når jeg skulle beskæftige mig med nye områder.

Emnestudierne var baseret på elevens egen lyst til at fordybe sig og lære for der igennem at tilegne sig viden.

Emnet skulle "fremlægges" for de øvrige grupper, enten som foredrag, visualisering eller skuespil. Herefter evalueres fremlægningen og gruppen fik feed back for deres aflevering.

I modsætning til i dag, havde man dengang ikke internet, men måtte på biblioteket eller skrive til ambassader, firmaer og kommuner o.s.v. for at indsamle viden.
(Der var 7 km på cykel eller med bus til biblioteket i Svendborg).

af Jakob Andersen

Der er behov for at tilrettelægge undervisning efter de 6 ord hvor elevens egenaktivitet erstatter lektieoverhøring. Lektielæsning med påfølgende overhøring appellerer til den korte hukommelse. Den skal erstattes af forståelsesindsigt gennem elevernes egen tilegnelse. Man kan aldrig lære nogen noget, sagde en professor ved Danmarks Lærerhøjskole. Men man kan derimod bringe dem i en situation, så "de selv tilegner sig viden, så de selv ønsker at forstå, at begribe sammenhænge, og at gå på opdagelse".

Hvilke krav stiller ovenstående til en lærer?

- at iagttage og forstå eleverne
- at være animator
- at kunne bistå og kunne opdage, hvornår der trænges til hjælp

Det er bestemt ingen hindring at læren har en omfattende faglig viden, men han må aldrig benytte den til at brillere - at stå i vejen for eleverne.

- *Indsamling*
- *Bearbejdning*
- *Evaluering*
- *Fremlægning.*

Find en bedre måde at undervise på, var kravet, da Birte og Jakob startede Rantzausminde Efterskole med mange menneskers hjælp.

Vi valgte bare det modsatte af klasseundervisning.

For det første skulle undervisningssituationen tilrettelægges, så den indbød til samarbejde og hjælpsomhed.

Dernæst skulle eleverne selv vælge deres emne, så de var velmotiveret til at øve sig til tilegnelses processen:
Indsamling, Bearbejdning, Evaluering og Fremlægning.

- en proces, man ikke oplever i klasseundervisningen, ej heller ved projekt, hvor hele forløbet er tilrettelagt af læren. Endelig skulle fremlæggelsen både være skriftlig og mundtlig. Mundtlig fordi klasseundervisningen mest lærer eleverne at tie.

LÆRERSTABEN

af Ole Mandix

Jakob og Birte Andersen

Personale tilknyttet skolen:

Jakob Andersen Birte Andersen	Forstander "Den grå eminence"
Jens Erik & Ingse *(Boede i lejligheden ved drengeafdelingen)*	Lærer Lærer
Rolf & Ellen *(Boede i lejligheden ved pigeafdelingen)*	Lærer Lærer
Ib & Vibeke Agger	Lærer/musik Lærer/kreativ fag
Helle & Flemming	Lærer Vikar
Gert	Havemand/Pedel
"Lille Mor" *(Boede for enden af efterskole vejen*	Økonoma

(Jeg husker ikke navnene på køkkenpersonalet, ud over Lille mor).

Gymnastiksalen var i den ene ende udstyret med en scene, og i den anden ende en balkon.
Scenen blev hyppigt brugt til teater.
Balkonen blev indrettet til musiklokale.
Scenen blev senere indrettet til et TV studie, hvorfra der blev sendt TV til andre efterskoler.
Programmerne blev sendt via You Tube.

Balkonen bagerst, blev senere indrettet til musiklokale.

Teater gruppen instruerers af Helle. Helle var også ansat på det populære teater Rottefælden i Svendborg.

Gymnastiksalen var nyopført og færdigbygget i 1968 og kunne kun bruges de sidste 2 mdr. af vores ophold.

Scenen blev indrettet til TV studio.

Gymnastiksalen blev opført af lokale arbejdsløse murer og arbejdsmænd.
Jakob Andersen havde lavet denne aftale med den lokale "arbejdsformidling" og det var vist ikke helt efter "bogen".
Hver dag kl. 10:00 var Jakob at finde på stilladset hvor han drøftede fremdriften, mødet sluttede altid af med at Jakob drak en øl sammen med håndværkerne.

SPISESALEN
af Ole Mandix

I spisesalen blev alle måltider og aftenteen indtaget. Hvert bord havde sin kontaktlærer for bordenden.

7:00	Morgenvækning
7:30	Morgenmad og morgensang
8:00	Samling i biblioteket, hvor vi lyttede til "Radioavisen". *Hvis der var emner eller vigtige hændelser som skulle uddybes og drøftes, blev vi alle i Biblioteket indtil emnet var belyst.*
8:30	*Igang med "Emnestudie" i de respektive lokaler og grupper. (forklaring følger)*
12:00	*Middag i spisesalen.*
13:00	*Frokostpause*
14:00	*Fortsat "Emnestudie"/ Dansk, Engelsk, Musik, Gymnastik,*
16:00	*Frivillige aktiviteter*
18:00	*Aftensmad*
21:00	*Aften te og aftensang*
22:00	*På afdelingen - senest*
22:30	*Ro på afdelingen*

Spisetiderne var faste, og i spisesalen sad vi ved blandede borde. (Drenge og piger).

Maden blev tilberedt af "køkkenpigerne" med "Lillemor" i spidsen. Egentlig "køkkentjeneste" havde vi ikke. Kun opvasken og afrydning havde vi andel i.
Ellers blev alt serveret.

ELEVTELEFONEN

af Ole Mandix

Elevtelefonen havde en meget vigtig og central rolle i kommunikationen med omverden. Det var vores livline til verden udenfor, forældre, kammerater og familie.

At kommunikere til og fra skolen forgik dengang via brev eller elevtelefonen. Det første bord i spisesalen havde til opgave at tage telefonen når den ringede,(de var de eneste som kunne høre den), ofte blev der ringet i middagspausen og under aftensmaden. Her vidste forældrene at de kunne få fat i deres søn eller datter.

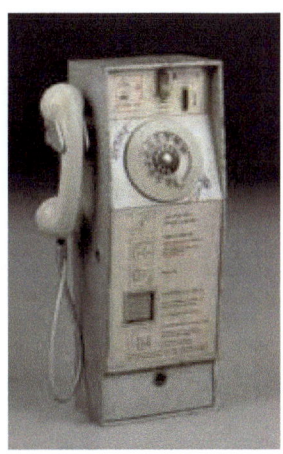

Telefonen som var en mønttelefon (dengang 25 øre i minuttet). Telefonen var placeret i mellemgangen bag det "Blå klasseværelse" og "Syd". Dengang havde vi jo ikke mobiltelefoner og den var eneste kommunikationsmulighed til og fra skolen.

Det var ikke altid at ens lommepenge slog til så de kunne nå og strække til og få ringet hjem inden der kom nye forsyninger, så kunne man ringe til "Rigstelefonen", det var gratis, og her kunne man anmode om at modtageren betalte for samtalen, - Collect call.

Var man heldig og få brev hjemmefra blev disse også udleveret i middagspausen.

Fik man derimod pakke hjemmefra kunne man hente Adressekortet hos Birte som udleverede det i biblioteket efter "radioavisen". Herefter måtte man begive sig ned på Posthuset ,som lå for enden af Efterskole vej.

BIBLIOTEKET

af Ole Mandix

Biblioteket havde en meget central rolle i hverdagen. Det var her man indkaldte til generalforsamling, havde morgensamling, undervisning. Og som navnet antyder bibliotek.

Biblioteket lå til venstre for hoveddøren - Jakob og Birte Andersens privatbolig til højre Der blev senere indrettet elev værelser oppe under taget og Jakob og Birtes privatbolig blev indraget til opholdsstue.

Dengang havde vi ikke de samme muligheder og adgang til information som internettet giver i dag.

Skulle vi have mere information, end skolens bibliotek kunne tilbyde måtte vi op på cyklen eller tage bussen ind til biblioteket i Svendborg.

Hvis det var mere specielle ting så kontaktede vi Rejsebureauer, eller også sendte vi breve til firmaer eller organisationer, og håbede på at de velvilligt ville sende noget, retur som vi kunne bruge.

Skolen som den så ud i 1954

af Ole Mandix

Drengeafdelingen lå til venstre i billede og pigeafdelingen til højre.

Vi var på holdet 67/68 - 24 elever på hver afdeling fordelt på 12 værelser.

Indlogeringen foregik på fire mands værelser. Værelserne var indrettet med køjesenge, en skriveplade og fire skabe til vores tøj.

For enden af hver afdeling boede der en lærerfamilie. De sidste seks elever var indlogeret rundt om på skolen, nogle på den gamle elevgang over biblioteket andre på gangen hos "køkkenpigerne" over spisesalen. For hver ende af værelses fløjen boede en kontaktfamilie. I drengeafdelingens ende boede Jens Erik og Ingse, de havde selv 3 børn.

Det var ikke tilladt for drengene at komme eller opholde sig på pigeafdelingen eller omvendt. Senest kl. 22^{00} skulle vi være på afdelingen og senest 22^{30} skulle der være ro.

Morgenmaden blev serveret kl. 7^{00} og senest kl. 8^{00} skulle man indfinde sig i biblioteket og her lyttede vi så til dagens radioavis.

Var der hændt ting i løbet af døgnet som skulle drøftes blev det taget op her og de planlagte aktiviteter udskudt.

Eksempelvis var der også dengang krise i mellemøsten, hvor Israel indledte 7 dages krigen.

KÆRESTERI

af Ole Mandix

Der var meget kæresteri og mange klikker på skolen. Det var selvfølgelig ikke så sjovt for dem, som ikke havde en kæreste eller var med i en klike. Når vi skulle på afdelingen efter aften te, så skulle "kæresten" jo følges hjem.

Drengene måtte jo ikke færdes på pigeafdelingen og omvendt.

På billedet kan man se en sti, som skråer over græsset, den endte foran pigeafdelingens værelse nr. et. Stien blev døbt kærlighedsstien. Beboerne på værelse nr. et var svært utilfredse med, at der hver aften var kærestepar, som tog ophold og "afsked" uden for deres vindue, - så de indkaldte til generalforsamling og klagede.

Generalforsamlingen vedtog herefter, at man gerne måtte følge "kæresten" hjem, men "afskeden" skulle foretages et andet sted.

Det skulle vise sig at opholdet skulle få stor betydning for mig resten af livet. Jeg nåede at være kæreste med både Annelise og Annegrethe inden jeg blev kæreste med Janne.
Vi holdt sammen efter at opholdet var slut, og vi blev senere gift og fik 2 børn og blev senere skilt efter 10 års ægteskab.

Kærlighedsstien endte foran pigeafdelingens værelse et.

af Ole Mandix

På demokratisk vis blev der hver 14. dag valgt en ny elevbestyrelse.

Det foregik således, at vi samledes i biblioteket og den nuværende formand skrev de nye foreslåede kandidater til bestyrelsen og formandsposten op på tavlen.

Der blev herefter afholdt en skriftlig afstemning og de enkelte kandidater fik tildelt stemmerne efterhånden som de blev optalt. Det samme galt for bestyrelsesmedlemmerne. Den siddende formand og bestyrelse kunne ikke genvælges, før næste periode.

Når den nye formand og bestyrelse var valgt blev pengekassen og mødeklokken højtidligt overdraget til den nye formand.

Formanden og bestyrelsen fik en række tillidsposter og skulle stå i spidsen for afholdelse af generalforsamlingen og møder.

Hvis man skulle have fri eller i biografen var det formanden man henvendte sig til.

Når der ikke var hjem rejseweekend skulle den siddende bestyrelse arrangere underholdning eller aktiviteter for resten af skolen.

Det var arrangementer af svingende kvalitet kan jeg huske. Det var ikke alle bestyrelser som var lige kreative.

Arrangementerne fandt altid sted i Laden.

Godkendelse af værelser

Bestyrelsen havde også den lidt tvivlsomme opgave og skule godkende rengøringen af alle værelserne inden hjemrejse. Nogle bestyrelser gik til opgaven med stor entusiasme og var der den mindste "beskidt" blev værelset ikke godkendt. Nogle af bestyrelsesmedlemmerne gik hårdt til værks og kiggede også oven på skabe og under sengene. Hvis ikke værelset blev godkendt og rengøringen måtte gøres om, var der risiko for ikke at nå bus, tog og færge, så måtte man selv se hvordan man kom hjem.

Var man så uheldig og få kasseret sit værelse, så huskede man jo situationen til næste gang man eventuelt selv sad i bestyrelsen, - da var "hævnen" sød.

GENERALFORSAMLING

af Ole Mandix

Den øverste myndighed på skolen var generalforsamlingen som bestod af elever, lærere og ansatte. Alle havde tale og stemmeret på generalforsamlingen, som også var den øverste lovgivende forsamling.

Alle havde mulighed for at indkalde til ekstraordinær generalforsamling på alle tider af døgnet.

Når der blev indkaldt til generalforsamling skulle alle begive sig til biblioteket med det samme.

Formanden fra bestyrelsen skulle lede og gennemføre generalforsamlingen, og skulle afdække hvorfor der var blevet indkaldt til generalforsamling.

Dette gav en mulighed for den enkelte elev at blive bekendt med mødeledelse og overholdelse af de demokratiske spilleregler.

Når der blev fremsat et lovforslag blev det altid vægtet og holdt op mod de seks ord.

- *Medansvarlighed*
- *Initiativ*
- *Tolerance*
- *Vurderingsevne*
- *Beslutningsevne*
- *Samarbejdsevne*

Forstanderen tilføjer:
En ekstraordinær generalforsamling er en demokratisk ret man har på Rantzausminde Efterskole. Det er alle deltagere på skolen, som har den ret. Det er både elever, lærer, pedel og køkkenpersonale, som har muligheden for at ringe med på den store skibsklokke ved spisesalen og indkalde forsamlingen, hvis man mener at der er et akut problem, som er opstået. Det er tilladt at gøre det på alle tider af døgnet!

af Ole Mandix

Formålet med repræsentantskabet var at sikre (forstanderen)imod "kup-situationer". Der er først og fremmest tænkt på den specifikke situation, hvor bestyrelsen afskediger forstanderen og ansætter en ny forstander ved hjælp af et "arrangeret" flertal på generalforsamlingen. Det kan vanskeligere lade sig gøre, når repræsentantskabet skal godkende afskedigelse og ansættelse af forstanderen.

I forlængelse af de problemer som bestyrelsen havde med ledelsen, og ønskede at stå mere frit, hvis en opsigelse kom på tale. Repræsentantskabet blev senere nedlagt og skrevet ud af vedtægterne.

Jeg har taget det med her da forholdet mellem ledelsen og bestyrelsen var efterhånden blevet noget belastet. Og på sigt ønskede bestyrelsen at udskifte ledelsen, men dette kunne ikke lade sig gøre grundet vedtægterne for repræsentantskabet.

Bestyrelsesformanden ændrede vedtægterne i 2011 og det blev vedtaget året efter, og det skulle senere vise at være en god beslutning. Det gav den efterfølgende bestyrelse frie hænder til at opsige ledelsen.

Uddrag af vedtægter for repræsentantskabet:
Stk. 1
Valg til repræsentantskabet sker på generalforsamlingen. Der kan vælges op til 24 medlemmer blandt skolekredsen for en periode af 2 år, således at halvdelen afgår hvert år.

Repræsentantskabet vælger selv sin formand umiddelbart efter generalforsamlingen.
Stk. 2
Repræsentantskabet skal have forelagt bestyrelsens indstilling til generalforsamlingen om **ansættelse og afskedigelse** af skolens forstander inden afholdelse af generalforsamlingen.

Repræsentantskabets Formand orienteres løbende af skolens bestyrelse under ansættelsesforløbet, og kan deltage ved **ansættelsen og afskedigelse af skolens forstander.**

GENERALER PÅ AFDELINGEN

af Ole Mandix

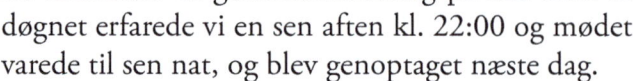

At der kunne indkaldes til generalforsamling på alle tider af døgnet erfarede vi en sen aften kl. 22:00 og mødet varede til sen nat, og blev genoptaget næste dag.

Der var 3 af vores holdkammerater, som havde fået nok. De var blevet mobbet og havde slået sig sammen om at indkalde til generalforsamling på dette ukristelige tidspunkt - de havde fået nok. Flere var gået i seng og mødte op i biblioteket iført pyjamas og nogle medbragte deres dyne.

Det var nu elev-formandens opgave at finde frem til årsagen til indkaldelsen. Og hurtigt blev årsagen fundet - det drejede sig om mobning og drilleri.

Nogle på holdet var nok mere dominerende end andre og det viste sig at de 3 som havde indkaldt var utryg ved dem som var dominerende og var decideret bange for dem.

Der blev så fundet frem til dem som var mest dominerende, (heri blandt mig selv). Hurtigt blev overskriften på generalforsamlingen "Generaler på afdelingen"

Dette skete ved at formanden skrev navnene op på tavlen på dem som man syntes var mest dominerende, det mest skræmmende var at de var ens holdkammerater som syntes dette om en.

Det at nogle følte, at man kunne dominere andre ved at mobbe eller drille, blev under ingen omstændigheder tolereret på skolen. Når man havde fundet frem til de fem mest dominerende på afdelingen, blev de 6 ord vejet op i mod hver af de 5. Nu skulle man så beslutte hvilke sanktioner man skulle bruge overfor dem. To blev sendt hjem på en "tænker" og tre fik "advarsler" og kunne blive på skolen, men ville blive sendt hjem, hvis der blev indkaldt til generalforsamling over dem indenfor de næste 14 dage.

Det var hårdt at blive udsat for så voldsom en kritik af ens kammerater, - men lærerigt.

VÆRELSESOMBYTNING
af Ole Mandix

I forlængelse af generalforsamlingen "Generaler på afdelingen" blev der iværksat en værelsesombytning dagens efter.

Normalt byttede vi værelser hver fjerde uge.

Værelsesombytningen var den eneste ikke demokratiske aktivitet på skolen, men blev dikteret af lærerne som fordelte eleverne efter deres observationer.

For enden af drengeafdelingen og pigeafdelingen boede der en kontaktfamilie som også var lærer på skolen

På afdelingerne boede vi 4 elever på hvert værelse.

På 1. salen af Jakobs og Birtes gamle forstanderbolig, blev der indrettet elevværelser for og øge elevoptaget fra 54 til 90 elever.

Jakob og Birte havde bygget deres

4 mands værelse med køjesenge

aftægtsbolig i baghaven til Rantzausminde Efterskole. Eleverne gik hver dag over med varm mad til Jakob.

Deres bolig i biblioteket blev senere inddraget som elevcafe og opholdsstue. "Den gamle skolestue" også kaldet biblioteket, som i vores tid var det sted hvor man samledes.

Så flytter vi værelser

LADEN
af Ole Mandix

D er findes ikke ret mange billeder af laden som var en gammel stråtækt "staldbygning" der lå bag biblioteket.

Laden var vores "frirum", her kunne vi hænge ud i vores fritimer, lave og høre musik. Hvert hold fik også anledning til og indrette rummet, som de havde lyst til.

En af bestyrelsens opgaver var blandt andet at arrangere fester og underholdning i weekenderne, hvor der ikke var hjemrejse weekend. Laden har lagt rum til mange arrangementer, lige fra foredrag, dansekonkurrence, lørdagsbal og spektakulære arrangementer.

Et af de få billeder som findes af laden. Desværre brændte laden i 1975, efter at en elev havde sat ild til den. Laden ligger til venstre i billedet.

Musikalske venner

Det lykkedes efterhånden at finde ud af hvem som kunne spille på et instrument.

Blandt mine hold kammerater kan nævnes Nils Vilhelmsen, som var rigtig god på klaver, Sibast mestrede trommerne, Torben og Ole var gode på giutar, Rudolf på harmonika, Jørgen på bongo trommer for ikke og tale om Ulla som sang fantastisk. Ida var også ferm på blokfløjte.

Til at holde sammen på alle disse talenter havde vi vores lærer Ib Agger, som underviste i nodelære og musik.

Ib spillede selv klaver til vores morgen og aftensang, og var organist i Sørup kirke.

Ole Mandix på guitar og Rudolf på harmonika underholder i laden.

af Ole Mandix

Skibet synker!

Jeg husker specielt et arrangement, hvor laden blev omdannet til et skib, vi blev alle udstyret med sømandshatte, og besætningen (bestyrelsen), iført kedeldragter, kaptajnsuniformer m.m. Det var altid spændende og se hvad den sidende bestyrelse fandt på.

På skibet var der underholdning, dans og musik og pludselig stoppede alt musikken, og kaptajnen varslede, at skibet var grundstødt og derfor ville synke.

Vi blev alle gennet op på loftet af laden her var der en gammel hø lem, (som man i gamle dage stak halm op igennem).

Hø lemmen som vi alle blev firet ned fra.

Her var der lavet et sindrigt taljesystem som vi blev firet ned i redningsbådene med.

Redningsbådene var alle lærernes biler. Lærerne kørte herefter i pendulfart mellem skolen og Egense kirke. Bilerne blev proppet med elever, dengang var der ikke krav om, at man skulle have sikkerhedssele på, alligevel var det sikkert ikke helt lovligt

Ved Egense kirke blev vi samlet og holdt i mandtal.

Vi skulle nu gå hjem igennem kirkegården og skoven, ca. 5 km, i bulder mørke, kun få af os havde lommelygte med, alt imens en af vores kammerater (Albert) fortalte spøgelseshistorier, han var en blændende fortæller og blev senere forfatter.

Det var noget af en udfordring og var ikke populært blandt mange af pigerne og de måtte hentes og køres hjem i lærenes bil.

Selve arrangementet var rigtig godt fundet på, og ikke mindst udsmykningen af laden, påhittet med at skibet skulle synke og den efterfølgende "redningsaktion" - kæmpe arbejde af bestyrelsen.

Arrangementet blev taget op på en efterfølgende genneralforsamling og evalueret.

Den sidste del af arrangementet fik ikke de højeste point blandt pigerne.

BYGNINGER OPFØRT EFTER 67

af Ole Mandix

Forsikringssummen fra den brændte Lade blev brugt til og opføre et nyt generalforsamlings-lokale. Lokalet blev opført som en sidebygning til "Syd" og som en erstatning for biblioteket som var blevet for småt. Antallet af elever var efterhånden nået op på omkring 90. Rummet bev indrettet med fokus på afholdelse af generalforsamlinger og fremlægninger.

Rummet var opbygget som en form for amfiteater hvor alle skulle havde ansigtet den samme vej.

Desværre er der ingen foto fra dengang.

Senere blev bygningen erstattet af "Oceanet"

Birte Andersen havde stor indflydelse på hvordan og hvilke bygninger som blev bygget på skolen.

Generalforsamlings lokalet var opbygget med et amfiteater som inspiration. En rund scene omgivet af tilskuerpladser i trappeform. Amfi betyder "på begge sider", og et amfiteater adskiller sig fra et almindeligt (enkelt) teater ved, alt efter byggestil, at have tilskuerpladser det eller hele vejen rundt.

Oceanet, som bygningen blev navngivet var den første rigtige "multimedie bygning". Bygning blev bygget mellem biblioteket og pigeafdelingen. (Der hvor laden lå)

I bygningen fandtes "Hullet", som det blev kaldt. Det blev det nye omdrejningspunkt for skolen. I midten af Oceanet var "Hullet" og udenom var der en række undervisnings faciliteter.

"Hullet" blev udstyret med de nyeste faciliteter med lyd og billede faciliteter.

Lydstudie

I sidebygningen til oceanet blev der indrettet et professionelt lydstudie, med der til hørende udstyr.

Skolen var efterhånden blevet kendt som en multimedie skole" og havde introduceret det "Digitale penalhus"

Alt som blev produceret af lyd, film, lektier og opgaver foregik digitalt på den udleverede MacBook som alle eleverne fik udleveret ved skolestart.

Det var der ingen andre skoler som havde gjort før.

AFSLUTNINGSFEST
af Ole Mandix

Afslutningsfesten for vores hold, blev en fest af de helt store .
Her blev alle sejl sat til. Alle deltog for at gøre det så festligt
som muligt.

Festen skulle vare i 3 dage. Alle lokalerne blev taget i brug.

"Syd værelset" blev indrettet som en skov og pyntet med en
masse bøgegrene og fik navnet Dyrehaven.

Laden blev omdannet til Palmehaven. Her var underholdning
om aftenen.

Afdelingerne fungerede som hotel.

Det kongelige teater

Gymnastiksalen fik to navne Forum og Det Kongelige teater.

Det kongelige teater uropførte til lejligheden "Overturen

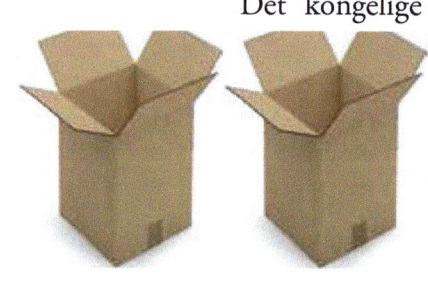

hvorfor ringer du ikke til blikkenslageren".

Handlingen var lidt speciel og da tæppet gik
stod der to store papkasser på scenen - lærer-
ne kunne på skift kravle ind i kassen bagfra,
og efter tur dukkede de op af kassen og frem-
sagde de værste ukvemsord og gloser som
"lort" , "bæ", "tis", pik", "lokum" m.m.

Stykket var instrueret af Helle som dengang
var ansat på Rottefælden i Svendborg.

*"Lillemor" (økonomaen fra køkkenet) og hendes mand skulle
agere Dronning Margrete og Prins Henrik. Og fik æreslo-
gen på balkonnen. Lillemor havde diadem i håret og prins
Henrik havde masser ordner på, (Lånte idrætsmærker).*

Forum

Dengang blev der kørt 6 dages løb i Form. En af grupperne
havde arrangeret et "6 dages løb". Hvert cykelhold blev udsty-
ret med en bøjle, påmonteret en ringeklokke. Da løbet var sat
i gang stod alle vores kammerater i "inderkredsen og heppede
på de forskellige hold. Alt imens 6 dages melodien blev spillet
og fløjtet for fuld udblæsning.

DISKOTEK "CLUB 6"

af Ole Mandix

Biblioteket blev indrettet som Diskotek "Club 6". Her skulle senere på aftenen være premiere og præsentation af en ny plade fra the Beatles - Sgt. Peppers Lonly Heart club Band, som netop var udkommet.
Lærerne skiftes til at recitere teksten og mindede os om, at vi også blev ældre
De var alle klædt ud og skulle foregive at sidde på et plejehjem.

Når jeg er fireogtres (When I'm Sixty-Four).

Når jeg bliver ældre og mister mit hår
Mange år fra nu
Vil du stadig sende mig en flaskevin til Valentinsdagshilsen

Hvis jeg havde været ude til kvart i tre
Ville du låse døren
Vil du stadig have brug for mig, vil du stadig give mig
mad Når jeg er fireogtres

Du vil også blive ældre, og hvis du siger ordet,
kunne jeg blive hos dig
Jeg kunne være handy, reparere en lunte
Når dine lys er gået
Du kan strikke en sweater ved pejsen
Søndag morgen tage en tur

Lave haven, grave ukrudtet
Hvem kunne bede om mere
Vil du stadig have brug for mig, vil du stadig give mig
mad, når jeg er fireogtres
Hver sommer kan vi leje et sommerhus på Isle of Wight,
hvis det ikke er for kært

Vi skal spare og redde børnebørn på dit knæ
Vera, Chuck og Dave
Send mig et postkort, send mig en linje
Angivelse af synspunkt

Angiv præcis, hvad du mener at sige
Din oprigtige og spild væk
Giv mig dit svar, udfyld en formular
Min for evigt
Vil du stadig have brug for mig, vil du stadig brødføde mig
Når jeg er fireogtres

Udgivet 1. juni 1967

111

ÅRLIG GENERALFORSAMLING

af Ole Mandix

Venskaber for Livet

Efter vores ophold på skolen var vi en gruppe, som fortsatte med at opretholde kontakten.

Vi indså hurtigt, at de bånd og venskaber, vi havde dannet, var værdifulde, og vi ønskede at bevare dem, selvom vi nu gik forskellige veje i livet. Den dag i dag har jeg stadig kontakt til enkelte af mine holdkammerater fra dengang.

Et efterskoleophold glemmer man aldrig og da slet ikke et ophold på Rantzausminde Efterskole.

Årlig Generalforsamling

Hvert år samledes gamle elever til den årlige generalforsamling, her kan vi diskutere, hvordan vi kan støtte vores gamle skole. Det er også her på generalforsamlingen, at den nye skolebestyrelse bliver valgt samt medlemmer til repræsentantskabet.

Her kunne man også tage beslutning om hvordan vi kunne bidrage til skolens udvikling. Ofte fremsatte ledelsen og bestyrelsen et par emner, som skulle vedtages.

Elevkartotek

I alle årene så vi frem til den årlige generalforsamling, hvor vi kunne mødes og snakke om vores fælles fortid.

Der var efterhånden meget få som kom til disse samlinger, som desværre med tiden var blevet udvandet af ledelsen der ikke havde opdateret elevkartoteket løbende. Dette betød et meget lille fremmøde af ens gamle holdkammerater ved den årlige generalforsamling.

Hvis man regner på antallet af elever som har været på skolen gennem årene vil man nå frem til et tal på over 3000 elever. Dette tal står ikke mål med dem som kommer til den årlige generalforsamling og gammel elev dag.

Bestyrelse

Jeg blev opfordret til at stille op til bestyrelsen, og blev valgt. Det var i 2007.

Det blev en noget turbulent periode og opgave jeg havde

påtaget mig indtil jeg valgte at træde ud i 2014, i forbindelse med at skolen blev solgt.

Ledelsen havde samlet en større kreds af venner, bekendte og leverandører, disse skulle udgøre den "nye" skolekreds.

Turbulent periode

Det blev en noget af en opgave jeg havde påtaget mig, jeg troede at jeg årligt skulle møde op til 2-3 bestyrelsesmøder for så til sidst i forbindelse med årsafslutningen skulle underskrive regnskabet i forbindelses med en god frokost.

Sådan gjorde man i det private

Jeg anede ikke hvorledes hverdagen så ud på min gamle skole i det daglig

Jeg skulle snart få syn for sagen.

Bestyrelsesmedlemmer

Skolen rekrutterede medlemmer til bestyrelsen blandt de gamle elever, det skulle senere vise sig at være en for stor mundfuld for dem. Skolen var efterhånden blevet en million forretning, så det var ikke alle som magtede opgaven og havde den nødvendige økonomiske indsigt.

Det var heller ikke altid det enkelte bestyrelsesmedlem havde den fornødne tid til fremmøde og til bestyrelsesmøder.

EKSTRAORDINÆR GENERALFORSAMLING

af Gitte Gedde - Fyns Amts Avis

Karen Merete Larsen fortæller i et interview til Fyns Amts Avis hvorfor hun forlod posten som bestyrelsesformand. Karen Merete Larsen var datter af Jakob Andersen og holdkammerat med Ole Mandix.

Forstanderpar tæt på fyring i 2009

Tidligere bestyrelse blev tabere i en magtkamp, hvor ledelsen fik opbakning fra lærerne

En ekstraordinær generalforsamling den 24. oktober 2009 kunne have endt med, at forstanderen blevet fyret. I stedet trak et flertal i bestyrelsen sig. Årsagen var længere tids samarbejdsproblemer, og specielt én episode var af afgørende betydning. Daværende bestyrelsesformand (Karen Merete Larsen), fortæller, at en gedigen skideballe fra viceforstanderen til to bestyrelsesmedlemmer blev udslagsgivende.

Han syntes, at han kunne tillade sig, at stå to timer og skælde os ud, og det lykkedes os ikke at stoppe ham.

Det var sådan nogle episoder, der ikke var til skolens bedste. Bestyrelsen var på det tidspunkt i færd med en opgradering af bestyrelsen i en ny forretningsorden.

- Vi ville ikke bare være en anonym bestyrelse, for vi oplevede, at der var brug for, at vi trådte i karakter. Vi syntes, vi sad for mange om bordet. Derfor ville vi have færre med fra ledelsen, sådan at der højst var en repræsentant for ledelsen og en for medarbejderne foruden de ordinære bestyrelsesmedlemmer, siger hun.

Hvad var problemet i det?

Det vil sige kun forstanderen og ikke forstanderens mand (viceforstanderen, red.). Det var det, der blev hovedproblemet. Forstanderparret blev på det tidspunkt bakket op af lærerne i de kontroverser, der var. Så deres bestyrelsesmedlemmer gjorde op med sig selv, at de ikke kunne fortætte samarbejdet.

Bestyrelsesformanden *(Karen Merete Larsen)* og tre andre bestyrelseskolleger så derfor to muligheder:

Forstanderpar tæt på fyring i 2009

■ Tidligere bestyrelse blev tabere i en magtkamp, hvor ledelsen fik opbakning fra lærerne

Svendborg: En ekstraordinær generalforsamling den 24. oktober 2009 kunne have endt med, at forstander Anette Clemmensen og viceforstander Bo Kristensen på Rantzausminde Efterskole var blevet fyret.

I stedet trak et flertal i bestyrelsen sig.

Årsagen var længere tids samarbejdsproblemer, og specielt én episode fik afgørende betydning.

Daværende bestyrelsesformand Merete Larsen, fortæller, at en gedigen skideballe fra viceforstanderen til to bestyrelsesmedlemmer blev udslagsgivende.

- Han syntes, at han kunne tillade sig at stå to timer og skælde os ud, og det lykkedes os ikke at stoppe ham. Det var sådan nogle episoder, der ikke var til skolens bedste.

Bestyrelsen var på det tidspunkt i færd med en opgradering af bestyrelsen i en ny forretningsorden.

- Vi ville ikke bare være en anonym bestyrelse, for vi oplevede, at der var brug for, at vi trådte i karakter. Vi syntes, vi sad for mange om bordet. Derfor ville vi have færre med fra ledelsen, sådan at der højst var en repræsentant for ledelsen og en for medarbejderne foruden de ordinære bestyrelsesmedlemmer, siger hun.

- Det vil sige kun forstanderen og ikke forstanderens mand (viceforstanderen, red.). Det var det, der blev hovedproblemet.

Forstanderparret blev på det tidspunkt bakket op af lærerne i de kontroverser, der var. Så de fire bestyrelsesmedlemmer gjorde op med sig selv, at de ikke kunne fortætte samarbejdet. Karen Merete Larsen og tre andre bestyrelseskolleger så derfor to muligheder:

- Enten at afskedige forstanderparret eller selv at gå. Vi valgte det, som gjorde mindst skade, for vi kunne jo se, at der var en trivsel i det pædagogiske arbejde på skolen. Vi valgte det, vi syntes, var bedst for skolen som sådan, siger hun.

Hvad fik fuld opbakning fra den nuværende bestyrelse. Hvad er forskellen på de to bestyrelser?

- Ole Praud (nuværende formand, red.) sad i den bestyrelse og var en af os fire, der melder sig genvalgte og blev dengang og blev genvalgt.

- Men mit ærinde er ikke at få nedgjort nogle folk. Det vil jeg ikke. Jeg skal jo heller ikke gå hen og punke mine gamle gode folk. Jeg har også været med til at understøtte den ledelse. I bagklogskabets lys kan jeg se, at ledede et dårligt arbejdsmiljø for sine medarbejdere. For jeg har den gang ikke kunnet gennemskue, at der var, der ikke stolet af i dag.

- Når man er inde i varmen, så er man mindre kritisk, end når man bliver kølet af - det er manipulerende ledelsestil. Det var det, vi som bestyrelse blev udsat for, men som jeg ikke kunne gennemskue den gang, siger den tidligere bestyrelsesformand. (pige)

- Enten at afskedige forstanderparret eller selv at gå.

(At fyre ledelsen som ikke umiddelbart kunne lade sig gøre).red

Vi valgte det, som gjorde mindst skade, for vi kunne jo se, at der var en god trivsel i det pædagogiske arbejde på skolen. Vi valgte det, vi syntes, var bedst for skolen som sådan, siger hun.

Forstanderparret får opbakning fra den nuværende bestyrelse.

Hvad er forskellen på de to bestyrelser? - Ole Mandix (*nuværende formand, red.*) sad i den bestyrelse og var en af os tre, der gik. Men han lod sig genvælge og blev desuden formand.

- Men mit ærinde er ikke at få nedgjort nogle folk, for man kan godt have forskellige dagsordener, uden at man behøver at slagte nogen. Det vil jeg ikke. Jeg skal jo heller ikke pudse min glorie, for jeg har også været med til at understøtte den ledelse. I bag klogskabens lys kan jeg se, at jeg støttede en ledelse, der lavede et dårligt arbejdsmiljø for sine medarbejdere. For jeg har den gang ikke kunnet gennemskue, at det var det, der skete, sagde den afgåede bestyrelsesformand.

- Der var for eksempel en periode, hvor skolens forretningsfører lavede et godt arbejde, men også pointerede nogle ting for ledelsen, som gjorde, at han blev fyret og frosset ud. Det kan jeg jo se bagefter, men på det tidspunkt støttede jeg ledelsen for ukritisk. Det er jo aldrig rart at se, at man også selv har haft dårlig indflydelse. Det er jeg ikke stolt af i dag. Når man er inde i varmen, så er man mindre kritisk, end når man bliver kølet af, det er manipulerende ledelsesstil. Det var det, vi som bestyrelse blev udsat for, men som jeg ikke kunne gennemskue dengang. Siger den tidligere bestyrelsesformand.

Bestyrelsen ved den nye formand Ole Mandix har trods flere opfordringer ikke ønsket at kommentere sagen, men han har tidligere tilkendegivet, at forstanderparret har bestyrelsens fulde opbakning. Ledelsen har heller ikke ikke reageret på avisens henvendelser vedrørende denne artikel.

BALLADE PÅ EFTERSKOLE

af Gitte Gedde - Fyns Amts Avis

Rantzausminde Efterskole har flere gange oplevet både personale-flugt og splittede bestyrelser.

Det er ikke kun inden for det seneste skoleår, at personalet har forladt Rantzausminde Efterskole efter konflikt med ledelsen, som Fyns Amts Avis skrev forleden.

Flere andre gange i de 16 år, hvor forstanderparret som udgjorde ledelsen, har der været problemer med psykisk arbejdsmiljø og samarbejde siger tillidsrepræsentanter ifølge Fyns Amts Avis' kilder, bukket under med langtidssygemeldinger til følge, og andre tillidsfolk har efter kortere eller længere tid opgivet samarbejdet og har forladt skolen.

Flere gange har grupper af personale gjort det samme.

Også skiftende bestyrelser har været i konflikt med ledelsen undervejs. Hver gang er det ledelsen, der har trukket det længste strå og er blevet tilbage på skolen. En lærer, der var på skolen fra 1996 og tre år frem, var i en periode tillidsrepræsentant, men samarbejdet gik kun godt i starten og endte for hendes vedkommende med et farvel til skolen.

Bestyrelsens ansvar

Da jeg holdt, var jeg svag og slet ikke psykisk stærk nok, til at starte en sag mod dem. Vi var en tre-& re stykker, der holdt det år. Da der var gået to år, var stort set alle andre kolleger holdt op også, fortæller læren.

- Jeg ved at der i de senere år har været en spændende udvikling omkring IT, men jeg ved også at det er det samme arbejdsmiljø der bliver beskrevet før som nu, siger hun og mener, at balladen i høj grad er bestyrelsens ansvar. Det er jo bestyrelsen, der skal undre sig over personale- flugt og det omdømme, som skolen har rundt omkring, siger hun.

Bestyrelsen ved formanden Ole Mandix vil ikke kommentere sagen over for Fyns Amts Avis.

Heller ikke ledelsen vil medvirke i denne artikel.

af Ole Mandix

Dårlig stemning

Der skulle ikke gå ret lang tid før at hverdagen meldte sig. Fyns Amt avis begyndte at grave i skolens fortid. En fortid som viste sig, at være ret så problemfyldt, med personaleproblemer, nepotisme, mobning og utilfredshed med ledelsen.

Henvendelse fra Frie skolers Lærerforening

Frie skolers lærerforening har i længere tid kendt til ballade på Rantzausminde Efterskole.

FSL er ikke ukendt med problemer på Rantzausminde bekræfter formanden. Der har gennem længere tid været ballade på skolen. Det er rigtig knudret at forklare hvad det går ud på og jeg kan ikke gå i detaljer siger formanden for FSL.

(Det viste sig at nogle medlemmer samt formanden for Rantzausminde efterskoles bestyrelsen viste alt til problemerne). Alt andet lige så brød det ud i lys lue efter at den nye bestyrelse var tiltrådt).

En rodet sag

Det er en rigtig rodet sag og ikke nogen sædvanlig situation for os som fagforening, siger formanden for FSL.

Der er nogle som har sagt op og nogle der er medlemmer og andre der ikke er.

Der er på nuværende tidspunkt ingen faglige sager.

Dem der var er afsluttet nu, siger han.

Fagforening: Det er noget rod

■ Frie skolers Lærerforening har i længere tid kendt til ballade på Rantzausminde Efterskole

Rantzausminde: Frie skolers Lærerforening er ikke ukendt med problemer på rantzausminde Efterskole. Her bekræfter formand Uffe Rostrup, at arbejdsmiljøproblemerne på skolen har en lang historie.

- Det har gennem længere tid været ballade på skolen. Det er rigtig knudret at forklare, hvad det går ud på, og jeg kan ikke gå i detaljer, siger han.

Har I gjort nok for at hjælpe jeres medlemmer?

- Ja, men det er en rigtig rodet sag og slet ikke nogen sædvanlig situation for os som fagforening, siger han.

- Der er nogle, der er sagt op, og nogle, der selv har sagt op, så er der nogle, der er medlemmer og nogle, der ikke er. Problemerne har været der længe, men lockouten her til sidst har ikke gjort det bedre.

Heller ikke foreningens faglige chef Henrik Lykø Hansen vil kommentere konkret på enkeltsager.

- Der er på nuværende tidspunkt ingen faglige sager. Dem, der var, er afsluttet nu.

I organiserer jo både ansatte og skoleledere i jeres forening. Har det været et problem i denne sag?

- Nej, det er fuldstændig adskilt. Vi har en lederdel og en lærerdel, og det er ikke et problem. I øvrigt ved jeg slet ikke, om forstanderne er organiseret hos os. I hvert fald er det ikke et problem, siger Henrik Lykø Hansen.

Af Gitte Gedde
gige@foa.dk

Artikel af Gitte Gedde

KRISE

af Ole Mandix

Efter den fatale generalforsamling, hvor ledelsen var tæt på en afskedigelse, valgtes en ny bestyrelse.

Bestyrelsen bestod af "gamle elever", som nu skulle prøve at give skolen et nyt liv.

Ny vision og målsætning

Efter at den tidligere bestyrelse gik af og en ny var valgt. Ville den nye bestyrelsen gøre en forskel. Det blev vedtaget at skolen bygningsmæssigt trængte i den grad til at blive vedligeholdt. Samtidig med at vi besluttede at modernisere skolen blev der også ytret ønske om at gøre skolen til "Fremtidens Digitale skole". Skolen havde allerede havde gjort sig bemærket på dette område.

Bestyrelsen besluttede derfor at udarbejdede en Helhedsplan for modernisering af skolens bygninger, samt udarbejde et nyt værdigrundlag og et sæt nye vedtægter, som stillede bestyrelsen frier med hensyn til at fyre ledelsen. Planen blev udarbejdet i tæt samarbejde med medarbejdere, og ledelse. Planen skulle sættes i værk efterhånden, som økonomien var til det.

Der blev iværksat en undersøgelse, blandt medarbejdere og elever, undersøgelsen skulle afdække ønsker til en fremtidig skole. Vi havde lidt på kistebunden, så vi startede med at udvidde hullet, så det kunne rumme 120-130 elever.

Det fremtidige mål var, at skolen kunne rumme ca. 120-130 elever og kunne bruges som en slags "Familiehøjskole" i de uger hvor der ikke var efterskole, afdelingerne var utidssvarende, med 24 elever om fælles badeforhold og toiletter. Nogle af eleverne var indkvarteret på 1. salen af Jakob og Birtes bolig og andre på den gamle "køkkengang" over spisesalen, samt en barak ved gymnastiksalen.

Dårligt samarbejde

Under realiseringen af Helhedsplanen kom det frem at samarbejdet mellem ledelsen og medarbejderne mildest taget var

118

noget problematisk. Skolen blev desuden udtaget til og skulle strejke i forbindelse med lærerstrejken i 2013.

Så Helhedsplanen blev sat på pause.

Det viste sig at det dårlige samarbejde havde stået på i meget lang tid og var ikke sådan at blive kvit. Konflikten nåede sit højdepunkt da medarbejderne stillede bestyrelsen et ultimatum "Fyr ledelsen - eller vi siger op". *(Ifølge skolens vedtægter kunne det ikke lade sig gøre) Red.* Medarbejderne havde ligeledes lavet en ny organisationsplan som viste hvem som skulle efterfølge ledelsen o.s.v..

At arbejdsmiljøet var så dårligt kom i den grad noget bag på bestyrelsen. Det blev efterfølgende en noget turbulent tid med strejker, sygemeldinger og utilfredse forældre.

Bestyrelsen søgte råd og vejledning hos relevante organisationer og skolens advokat.

Bestyrelse

Bestyrelsen bestod hovedsagelig af "gamle" elever, og var slet ikke gearet til at mediere i sådanne konflikter - endsige havde de tiden til og deltage i de mange møder. *(Alle havde arbejde ved siden af, så møder skulle hovedsageligt holdes i weekenderne, det var kun bestyrelsesformanden der var selvstændig og brugte adskillige timer på møder og på at forlige parterne).*

Medarbejderne havde som medspiller deres organisation og bestyrelsen havde primært Efterskoleforeningen.

Der var undervejs en del udskiftninger i bestyrelsen efterhånden som opgaverne og konflikterne blev sværere og sværere.

Bestyrelsen blev opfordret til, af Efterskoleforeningen, at bakke ledelsen op, og ikke gå i dialog med pressen.

Der blev i den periode trukket meget store veksler på bestyrelsesformanden, som deltog i mange af møderne.

Vi gjorde alt hvad vi kunne for at aktivere gamle elever, men det viste sig desværre at kartoteket over elevforeningen ikke eksisterede. Vi ønskede at få flere kandidater til og stille op til bestyrelsen, men uden held. I mellemgangen til Oceanet hængte der foto af de enkelte hold, lige fra skolen startede. Disse foto var også blevet væk.

Fyns Amts Avis

Under krisen, tog en gruppe medarbejder kontakt til pressen, som herefter kom med en række artikler der ikke var særlig positive. Bestyrelsen blev rådet til ikke at tage til genmæle på disse artikler, selv om formanden havde lyst til og gøre det, da artiklerne var noget ensidige og urimelige.

Der var næsten ikke en uge hvor der ikke kom nye "afsløringer". Skriverierne fortsatte i næsten to år. På trods af alle skriverierne håbede bestyrelsen at det var muligt at etablere et godt arbejdsmiljø. Heldigvis smittede det dårlige arbejdsklima ikke af på eleverne. Skolen var stadigvæk en attraktiv skole og konflikten havde ikke haft indflydelse på elevoptaget.

Artikel

12 ud af 15 ansatte forlod sidste skoleår Rantzausminde efterskole Personalet giver den manipulerende ledelses stil skylden. Artiklen bygger på interview med en lang række af forældre, elever, bestyrelsesmedlemmer,og andre kilder der har været i berøring med skolen gennem de sidste 16 år hvor ledelsen har været den samme. Kilder som ikke kender hinanden fortæller den samme historie.

Ny aftale

Der blev aftalt en form for våbenhvile, borgfred mellem ledelsen og den nye bestyrelsen. Dette var et must hvis bestyrelsen skulle arbejde videre med en plan for fremtiden, som også de var en del af! Skolens vedtægter var ændret så det ville være muligt og udskifte ledelsen uden medvirkning fra Repræsentantskabet.

Bestyrelsen gik i gang med at få udarbejdet en Helhedsplan, som også gik ud på og forlige parterne. Det var svært at få medarbejderne i tale.

Stormøde

Som kulmination på medarbejdernes henvendelse til pressen, blev der arrangeret et stort aftenmøde, hvor ledelsen, medarbejderne og bestyrelsen, forsøgte at blive forliget. Dette møde endte med at ledelsen gik ind og forlangte at den enkelte medarbejder skulle tilkendegive via en e-mail om de var med eller ønskede en fratrædelsesordning eller fortsat været ansat.

Konklusion

Dette arrangement var bestyrelsen ikke var særlig begejstret for, men fik at vide, at det ikke var bestyrelsens opgave at "detail styre" på skolen, men at det ene og alene var ledelsens som havde ledelses ansvaret, så bestyrelsen skulle ikke blande sig i personale anledninger.

Krisen blev ikke bilagt ved dette møde, men fortsatte og de af medarbejderne som var loyale turde ikke tale med ledelsen, og følte sig overvåget når de gik over til huset hvor ledelsen sad, af frygt for at kollegaerne betragtede dem som iloyale.

Bestyrelsen fik en henvendelsen fra medarbejderne, som indeholdt et ultimatum fyr ledelsen eller vi siger op.

Forstander: De laver en grim historie

■ Forstander Anette Clemmensen erkender personaleproblemer, men mener, ledelsen har gjort, hvad den kunne

■ *Hvad er din forklaring på, at der fra personalet er forsvundet 12 ud af de 15, der var der fra skoleårets start?*
Der har været en afskedigelse i november måned, som har skabt noget utilfredshed hos nogle medarbejdere - men jeg har ikke lyst til at svine nogen til eller fortælle grimme historier ... Stavnsbåndet er ophævet, og at de har valgt at forlade stedet, står for deres regning. Jeg ønsker ikke at gå ind i hverken forsvar eller angreb. Vi er videre.

■ *I de år, I har været ledere på skolen, har der været seks psykiske arbejdsskader, og I får skyld for mobberi og manipulation ...*
Det kan jeg slet ikke gå ind i.

■ *Er det ikke et problem, at så mange forsvinder på et år?*
Det er et problem, at man vælger at lave en grim historiefortælling i stedet for at være med til at løse problemerne. Det har ikke skortet på initiativ fra vores side.

■ *Personalet har udtrykt mistillid til jer overfor bestyrelsen. Hvad tænker du om det?*
Det har været meget ubehageligt, men jeg har ikke ønsket at gå ind i mudderkastning. Det er så subjektivt.

■ *Fagforeningen siger, det har været noget rod med det psykiske arbejdsmiljø gennem mange år.*
Det er ikke rigtigt. Undersøgelser viser noget helt andet. Vi har dokumentation for det modsatte.

■ *Men der er også en trivselsundersøgelse, der siger det modsatte.*
Ja, men den blev lavet samtidig med en anden afskedigelse. Det er ikke så mærkeligt, at man bliver sur på ledelsen, når der er en, der bliver afskediget.

■ *Det er jo et faktum, at næsten hele medarbejdergruppen er forsvundet.*
Ja, men det er jo klart, at de bliver sure, når nogen bliver fyret, og så er der måske opstået en metaltræthed i grup-

pen, og så er det nemmeste at skyde på ledelsen.

■ *Hvordan ser du ledelsens ansvar i den her sag?*
Vi har alle et ansvar i forhold til at få arbejdspladsen til at fungere. Tillidsmanden har et ansvar, og ledelsen har et ansvar. Det har vi ikke formået i denne her situation. I hverken medarbejdere eller ledelse. Vi har ikke nået hinanden, det har vi ikke.

■ *Er der noget, I har ændret i jeres ledelsesstil nu?*
Jeg har det ikke dårligt med vores ledelsesstil. Jeg ved, den er meget anstændig.

■ *Har I slet ikke reflekteret over, om det er jer, der har været årsag til problemet?*
Altså der var i hvertfald noget, jeg ikke så komme. Sådan vil jeg sige det. Jeg tror, vi har haft rigtig travlt med at redde stumperne af det sidste skoleår, og så har vi haft travlt med at samle et nyt hold, og så en gang bliver der vel tid til også lige at få nogle reflektioner over, hvad vi kunne have gjort anderledes - eller hvad det var, vi ikke så komme.

■ *Jeg har talt med folk, som det har taget meget hårdt på.*
Det har taget hårdt på alle. Det kan godt være, at vi alle sammen har brug for at behandle ting og sager i vores liv. Det har vi måske også som ledelse.

Af Gitte Gedde
gige@faa.dk

LEDELSESBETRETNING 2012.

af ledelsen

Generelt

2012 har været på mange måder udfordrende år. Dels gik vi ind i året med 92 elever, ikke så mange som der var plads til, nemlig 96, og der er altid usikkerhed omkring fastholdelse af eleverne året ud. Ud fra dette er et elevtal for foråret på 91,48 acceptabelt, men stadig dårligere end 2011, hvor foråret havde et elevtal på 94,63. Dels var elevtallet for efteråret, hvor vi havde udvidet sengepladserne med 2, så vi i alt har plads til 98 elever, ikke tilfredsstillende. Efteråret sluttede på 91, 18, hvilket i forhold til det ønskede er noget i underkanten.

Ud over at udvide med 2 pladser, har vi startet en del af den modernisering, ombygning, som vi har projekteret igennem de seneste år. Vi har udvidet det fælleslokale hvor mange af skolens aktiviteter foregår. Vi ønskede egentligt at gøre endnu mere, men som det vil fremgå under afsnittet om skolens økonomi, var pengene der ikke. Vi arbejder stadigvæk på at nå frem til at der på sigt kan ske mere modernisering og ombygning.

I foråret afsluttede alle underviserne og ledelsen en efteruddannelse som proceskonsulenter. Dette for at sikre at skolens didaktiske og pædagogiske mål, til stadighed kan udvikles og forbedres.

Økonomiske udvikling - årets resultat

Årets resultat blev et underskud på kr. 1.252.340 , hvilket i sagens natur er endog meget utilfredsstillende, vi havde et budget med et lille overskud. Indtægtssiden holder budgettet men flere af vores hovedområder, har ikke holdt deres budgetmål. Således har udgifterne til lærerlønningerne overskredet budgettet med kr. 440.000. Bygninger og vedligeholdelse har overskredet budgettet med kr. 395.000, og kostafdelingen har overskredet budgettet med kr. 207.000. Derudover er der mindre afvigelser i forhold til budgettet, bl.a. er der brugt penge på etablering af nyt IT netværk, noget der ikke var lagt ind i

betingelserne, men som på grund af nedbrud blev nødvendig-
gjort. Årsagerne til at budgettallene ikke er blevet overholdt,
er mange og forskellige fra hovedområde til hovedområde. Så-
ledes er der ikke for lærerlønningernes vedkommende, sket en
regulering i antallet ansatte tilstrækkeligt hurtigt, ud fra den
mindre elevtilgang. For bygning og vedligeholdelses området,
er en delvis forklaring den, at vi skiftede pedel pr. august. Den
nye pedel overtog et budget der allerede var kraftigt overskre-
det. For kostafdelingen, er det mere uklart hvorfor der er sket
en overskridelse af budgettet, særligt set i lyset af at der har
været færre munde at mætte. Men fælles er det, at der ikke i
tide er blevet handlet på overskridelserne. Dette er selvfølgelig
et ledelses og bestyrelses ansvar, men det har også tydeliggjort,
at økonomistyringen har været mangelfuld, og at den alvorlige
situation, først alt for sent blev opdaget, hvilket igen gjorde det
umuligt at nå at rette op på det dårlige resultat. At det så får
så store konsekvenser netop i år, hænger også sammen med, at
vi qua de dårligere elevtal for gennemførelse, ikke har haft en
større indtægt end det vi regnede med i budgettet.

Forventninger til 2013

Vi har lagt et budget med forventninger om et overskud på kr.
355.000. Dette ud fra at vi hurtigst muligt skal have vendt den
dårlige økonomi. I skrivende stund har vi 90 elever, hvilket
er det dårligste forårs elevtal i de år vi har haft plads til 96
henholdsvis 98 elever. Dette er der dog taget forbehold for i
budgettet. Vi udvider fra august 2013, med yderligere 6 plad-
ser, dette gør vi fordi vi er i den meget positive situation, at vi
har solgt alle pladserne, og at vi har venteliste.

Som resultat af den dårlige økonomi for 2012, har vi skåret i
vores medarbejderstab. Vi har opsagt en mellemleder og ned-
lagt stillingen. Dette gældende fra 1/3 2013. Derudover har
en af vores undervisere taget orlov fra 1/1 2013. Det er klart,
at fra august 2013, vil der igen, med 104 indmeldte elever,

af ledelsen

være behov for at der ansættes en underviser yderligere, og at orlovsstillingen genbesættes, i fald vedkommende ikke kommer tilbage efter orlov. Derimod vil der ikke igen blive slået en mellemlederstilling op. Der vil i indeværende år ikke være plads til stigninger i lokallønningerne, og vi forventer at den kommende overenskomst vil medføre beskedne centralt aftalte lønstigninger.

Der er blevet taget skridt til en meget mere præcis økonomistyring. Dels er der blevet lavet et budgetudkast, der måned for måned følger et likviditetsbudget, så evt. afvigelser fra budgettallene, især på udgiftssiden, kan fanges op hurtigt. Dette for at sikre at der i tide kan handles på en evt. problematisk økonomisk udvikling. Dels vil der blive uddelegeret et større budgetansvar for de enkelte hovedområder. Et ansvar der tydeliggør, at såfremt der opstår problemer med at følge budgettet, skal der handles, og det er den budgetansvarliges pligt, at informer, sin nærmeste forsatte i ledelsen. Der er også etableret et løbende tættere samarbejde med skolens revisor. Med disse tiltag, forventer vi en målopfyldelse at det forventede overskud, og meget gerne med et større plus på bundlinjen.

Som omtalt vil vi gerne fortsætte vores modernisering og ombygning af en skole der i nogen henseender trænger til forbedringer. Umiddelbart, er det største behov en udvidelse af vores spisesal, nu hvor der august 2013 starter 104 elever. Denne udvidelse er projekteret, og vore håb er, at vi for denne udvidelse etableret hen over sommeren. For at skaffe økonomi til en sådan ombygning, vil vi sætte en af skolens boliger til salg, så der genereres et økonomisk råderum, så vi ikke skal optage yderligere lån.

Vi har de sidste to år udelukkende haft 10. klasse elever, men fra august 2013, optager vi igen 9. klasse elever. Dette gør vi ud fra at der er vigende søgning til efterskolerne generelt, og at de kommende elevårgange bliver mindre end de forudgående.

af ledelsen

Vi gør det også ud fra pædagogiske grunde, idet der er lagt op til at 9. klasses afgangsprøver, bliver mere "skolevenlige", forstået ud fra at der er mulighed for gruppe eksamen i matematik, og at prøveformen i andre fag bedre passer til skolens måde at lave undervisning på.

Skolen blev i start 2013 en af de skoler som skal være med i "Ny Nordisk Skole" projektet. Dette forventer vi os meget af, og ser frem til at yderligere profilere skolen, som et bud på det 21. århundredes lærende virksomhed.

FORMANDS BERETNING - 2013

af Ole Mandix - talemanuskript

Rantzausminde efterskoles ordinære generalforsamling lørdag den 16. marts 2013

Velkommen til Rantzausminde Efterskoles ordinære generalforsamling nr. 57!

Denne bestyrelse har siddet fra sidste generalforsamling i marts 2012, med nogle enkelte justeringer undervejs.

Min formands beretning vil omfatte hele perioden fra marts 2012 og frem til nu - marts 2013.

En er udtrådt af bestyrelsen og Torben Andersen blev herefter fuldgyldigt medlem af bestyrelsen.

Det er anden periode som vi i følge vores vedtægter af 2010, har haft en bestyrelse på kun 5 medlemmer og ingen suppleanter.

Det har måske været i underkanten, når der var presserende emner som skulle løses.

Der har i perioden været afholdt de obligatoriske bestyrelsesmøder i henholdsvis, maj 2012, september 2012, november 2012, samt i dag den 16. marts 2013.

Udover bestyrelsesmøderne har der været afholdt adskillige dialogmøder, med ledelsen hvorpå der bliver talt om løst og fast, men ikke truffet beslutninger.

Specielt i perioden fra november 2012, har der været ekstraordinært mange møder, og bestyrelsesaktiviteten har til tider fyldt mere end rimeligt er.

Ligeledes har jeg deltaget i en del "byggemøder", med henblik på at få vores Helhedsplan tilrettelagt efter behovet på skolen, - det har det ligesom med at ændre sig, næsten fra måned til måned.

Der blev lavet en etapeplan, den har vi måttet ændre, dels på grund af økonomi og ikke mindst i forlængelse af skolens nuværende situation.

Alt andet lige, så blev dele af 1. etape gennemført inden

af Ole Mandix - talemanuskript

skolestart sidste år. Resultatet af dette kan I jo selv se – netop udvidelsen af Hullet.

I den anledning er navnet ændret fra Hullet til Galaksen. Ligeledes har bestyrelsen i perioden beskæftiget sig med følgende punkter:

1) Byggeproces / ombygning
2) Budget og økonomi i forbindelse med byggeri og skoledrift
3) Fondsansøgninger, som dog er stillet lidt i bero.
4) Hjemmeside
Hvad vi ikke nåede, og som prioriteres op i den nye samling er:

1) Kursusvirksomhed – forretningsplan
2) Justering af byggeri

Udover ovennævnte punkter informeres bestyrelsen løbende om elevernes og de ansattes dagligdag på skolen, under et fast punkt "Siden sidst" på bestyrelsens dagsorden, så jeg må sige at vi føler os rimelig godt informeret om skolens hverdag.

Tilgang til skolen
Skolen har plads til i alt 95 elever.

2012 har været på mange måder udfordrende år. Dels gik vi ind i året med 92 elever, ikke så mange som der var plads til, nemlig 96, og der er altid usikkerhed omkring fastholdelse af eleverne året ud. Ud fra dette er et elevtal for foråret på 91,48 acceptabelt, men stadig dårligere end 2011, hvor foråret havde et elevtal på 94,63. Dels var elevtallet for efteråret, hvor vi havde udvidet sengepladserne med 2, så vi i alt har plads til 98 elever, ikke tilfredsstillende. Efteråret sluttede på 91, 18, hvilket i forhold til det ønskede er noget i

Grundet vores økonomiske situation har vi valgt at indskrive

af Ole Mandix - talemanuskript

104 elever med skolestart 2013.

Med andre ord så er skolen stadig i stand til at kunne tiltrække de unge mennesker.

Vi har ligeledes besluttet at genindføre 9. klassetrin.

Men vi holder et skarpt øje med udviklingen og vil løbende sammen med ledelsen vurdere om vi skal genoptage 9. klasse.

Regnskab

Vi har netop med vemod, godkendt skolens regnskab for 2012.

Regnskabet udviste et underskud på omkring 1,2 mil. kr.

Det er det værste resultat i mange år, eller rettere, det har vi dog aldrig præsteret før.

Det er hamrende uacceptabelt.

Hvordan dette kunne ske er stadig lidt af et mysterium, men en kombination af dårlig og manglende opfølgning samt videregivelse af urigtige tal, er vel en forklaring på noget af dette.

For at imødegå fremtidige overraskelser skal der nu ske en månedlig afstemning og rapportering til bestyrelsen.

En rutine som har vist sig overordentlig svært at efterkomme, men som skal indarbejdes.

De poster som er afveget i forhold til det budgetteret fremgår af årsrapporten og vil senere blive gennemgået.

For at reagere på den dårlige økonomi, har vi desværre måttet sige farvel til en medarbejder, som varetog IT funktionen. Udover dette så har yderlig 2 medarbejdere søgt nye udfordringer.

For at sikre vore indtjening samt søgning til skolen har vi igen fra skoleåret 2013 / 14 at tilbyde 9. klasses undervisning.

Bestyrelsesaktivitet

Bestyrelsen har i denne periode ikke deltaget i nogen form for udadvendte aktiviteter ud over det, som havde med skolens interne anliggender at gøre.

Der har ganske enkelt ikke været tid og overskud til dette.

Kursusvirksomhed

Resultatet for kursusaktiviteterne har sidste år ikke stået mål med vores planer og forventninger.

Vi havde budgetteret med en omsætning på 250.000,- men nåede kun en omsætning på 33.000,-.

Det ville, unægtelig, havde været med til og pynte på vores dårlige resultat havde vi nået vores omsætning.

Forrige år omsatte vi på kursusaktiviteter 390.000,- mod 55.000 forrige år.

Bestyrelsen er da også meget opmærksom på, at der skal findes en balance i kursusaktiviteten, som står mål med forventningerne og indsatsen.

Skolekreds.

Jeg nævnte også sidste år i min formands beretning, at det for bestyrelsen vedkommende ligger os meget på sinde at vi plejer og udvider vores skolekreds, - og ikke glemmer skolens fortid og rødder.

Vi har i år fået 4 nye medlemmer i skolekredsen.

Velkommen til de nye medlemmer.

Byggeplaner

Vi er, som I kan se, kommet et lille stykke videre med realisering af vores byggeplaner.

Det kniber stadigvæk med finansieringen, vi har søgt en del fonde, men ingen af dem har stillet sig positivt overfor vores planer.

Der har også været tilknyttet en ekstern Fundraiser, - men uden held.

Konflikt

Ikke nok med at vores regnskab har været elendigt i det forgangne år, så har skolen også været kastet ud i en hidtil uset konflikt, som har trukket nogle grimme spor efter sig.

Grundet det dårlige resultat, opsigelse af en medarbejder, håndtering af økonomien opstod der en række uoverensstem-

af Ole Mandix - talemanuskript

melser mellem medarbejderne og ledelsen.

Disse uoverensstemmelser er endnu ikke bragt til ophør.

Der har således, siden i slutningen af november, hersket en særdeles udemokratisk stemning og moral på skolen.

En stemning som bestyrelsen under ingen omstændigheder vil acceptere fremover.

Konflikten har ligeledes for bestyrelsen og ledelsen, betydet et enormt arbejdspres og har kostet mange resurser og tid.

Afsluttende bemærkninger

Til slut vil jeg gerne på egne og bestyrelsens vegne takke alle skolens medarbejdere som i det daglige, trods alt, får skolen til og fungere.

Endelig vil jeg sige tak til ledelsen, jeg syntes, at vi igen i år har haft et rigtig godt samarbejde baseret på saglighed, god kommunikation og ikke mindst en god tone.

Også tak til bestyrelsen for det arbejde som er udført i perioden, ikke mindst i det sidste halvår.

***

Mindeord

Om formiddagen den 24. december 2012, ringede jeg til Jakob Andersen, som var skolens grundlægger, for at ønske ham en god jul.

Hans søn, tog telefonen og kunne desværre fortælle at Jakob var død en time forinden.

Vi kan alle takke Jakob Andersen for, at han i 1956 grundlagde den skole, som vi alle inderst inde er glade for.

En skole som dengang var epokegørende og hvor ideologien selv i dag rækker langt ind i dette århundrede.

En skole hvor det enkelte individ har sin frihed til at udvikle sig og hvor man lærer hvad det vil sige, at leve og ytre sig i et demokratisk samfund.

Så lad os alle stå vagt om og værne om ideologierne i "den gamle skole" – Jakob og Birte Andersens skole.

Æret være deres minde.

Lad os rejse os og holde et minuts stilhed.

Ole Mandix
Bestyrelsesformand

***

SKOLEKREDS UDVIDDES

af Camilla Bierrekær

Nye vedtægter for Rantzausminde Efterskole betyder mere åbenhed og større fleksibilitet.

Fra i dag kan alle der har interesse i Rantzausminde Efterskole være med i skolekredsen, stille op til skolens til skolens bestyrelse og være stemmeberettigede ved generalforsamlingerne .

Det blev besluttet på skolens generalforsamling i weekenden. Tidligere har kun elever og medarbejdere på skolen kunne være med i skolens kreds,og det har i følge bestyrelsesformand Ole Mandix, sat begrænsninger for rekruttering af nye bestyrelsesmedlemmer. Der er sket en modernisering af vedtægterne, så vi nu får mulighed for at rekruttere medlemmer i en bredere kreds, fortæller han og fastslår, at målet er en mere professionel bestyrelse, der kan ruste skolen bedre til fremtiden. Der var 18 stemmeberettigede til generalforsamling, og formanden håber, at de nye vedtægter sikrer et større fremmøde og større opbakning i fremtiden.

Mindre bestyrelse

Datoen for generalforsamlingen har tidligere været lagt fast af skolens vedtægter, men denne vedtægt er også blevet ændret for at gøre planlægningen mere fleksibel. Ved generalforsamlingen blev bestyrelsens størrelse samtidig ændret fra syv medlemmer til fem medlemmer og to suppleanter.

Bestyrelsesmedlem Erik Rosenberg ny næstformand, mens den tidligere næstformand Rasmus Nielsen er ny suppleant.

Foruden forman og næstformand består den nye bestyrelse af Chakrit Chutichan, Yvonne Wielandt og Anni Skov Olsen. Rantzausminde Efterskole har plads til 90 elever.

af Camilla Bierrekær

Efterskole vil udvide skolekredsen

■ Nye vedtægter for Rantzausminde Efterskole betyder mere åbenhed og fleksibilitet

Svendborg: Fra i dag kan alle, der har interesse i Rantzausminde Efterskole være med i skolekredsen, stille op til skolens bestyrelse og være stemmeberettigede ved generalforsamlingerne.

Det blev besluttet på skolens generalforsamling i weekeden. Tidligere har kun nuværende eller tidligere elever og medarbejdere på skolen kunne være med i skolens kreds, og det har, ifølge bestyrelsesformand Ole Mandix Praud, sat begrænsninger for rekrutteringen af nye bestyrelsesmedlemmer.

- Der er sket en modernisering af vedtægterne, så vi nu får mulighed for at rekruttere nye medlemmer i en bredere kreds, fortæller han og fastslår, at målet er en mere professionel bestyrelse, der kan ruste skolen bedre til fremtiden. Der var 18 stemmeberettigede til generalforsamling, og formanden håber, at de nye vedtægter sikrer et større fremmøde og større opbakning i fremtiden.

Mindre bestyrelse

Datoen for generalforsamlingen har tidligere været lagt fast af skolens vedtægter, men denne vedtægt er også blevet ændret for at gøre planlægning mere fleksibel.

Ved generalforsamlingen blev bestyrelsens størrelse samtidig ændret fra syv medlemmer til fem medlemmer og to suppleanter.

Bestyrelsesmedlem Erik Rosenberg er ny næstformand, mens den tidligere næstformand Rasmus Nielsen er ny suppleant.

Foruden formand og næstformand består den nye bestyrelse af Chakrit Chutichan, Yvonne Wielandt og Anni Skov Olsen.

Rantzausminde Efterskole har plads til 90 elever.

Af Camilla Bjerrekær
red@faa.dk

Bemærkninger af: Ole Mandix:

At udvide skolekredsen og styrke bestyrelsen vil have mange positive effekter, for skolens udvikling.

Der skal på sigt ske en række ændringer på skolen, bygningsmæssig og pædagogisk så udvidelsen er nødvendig.

Det er også med udvidelsen et ønske om at involvere lokalsamfundet mere, og engager lokale borgere, virksomheder og organisationer i dialog om skolens rolle og muligheder i området.

Intentionerne er også at arranger åben hus-dage, informationsmøder og event for at tiltrække nye elever.

Med professionalisering af bestyrelsen kan vi rekruttere personer med erfaring inden for ledelse, økonomi, pædagogik og strategisk udvikling.

Bestyrelsesmedlemmerne skal tilbydes kurser og workshops i bestyrelsesarbejde, ledelse og strategisk planlægning.

NY BESTYRELSE - nye planer!

af Ole Mandix

Umiddelbart efter at den nye bestyrelse var tiltrådt trak man i arbejdstøjet. Bestyrelsen bestod hovedsaglig af "gamle" elever. Bestyrelsen fik tillige hjælp udefra af et arkitektfirma til og gennemgå bygningerne.

Efter flere møder med personalet og ledelse udfærdigede bestyrelsen nye vedtægter og værdigrundlag for skolen, alt med respekt og udgangspunkt i den tidligere pædagogik og læring. Det var var en meget positiv periode skolen var inde i, og der var ro på alle fronter alle så fremad.

Efter flere møder med medarbejdere, elever og ledelse blev der udfærdiget en Helhedsplan som skulle række ind i fremtiden alt med stor respekt for den tidligere pædagogik og læring.

ØNSKER TIL FREMTIDENS SKOLE

af Ole Mandix

Ønsker til Fremtidens Digitale Skole:

Bestyrelsen ønskede at give skolen et tiltrængt løft både pædagogisk og bygningsmæssigt. For at få et overblik over bygninger og ønsker, blev der hyret ekstern hjælp for at strukturere den viden som eleverne, medarbejderne og ledelsen havde omkring læring på Fremtidens Digitale Skole. Initiativet blev taget godt imod.

På trods af at flere bestyrelsesmedlemmer var blev udskiftet følte bestyrelsen, at vi var godt på vej. På sigt var problemet i bestyrelsen at den bestod af gamle elever og ikke professionelle bestyrelsesmedlemmer.

Elevernes ønsker til den fremtidige skole:

- Elevcafé-området var for lille, de talte om hvordan man kunne gøre det større ved at rive vægge ned.
- De gamle klasselokaler oplevede de ikke blev brugt, så der kunne man lave noget andet, f. eks en biograf.
- Der var mange der talte for at gymnastiksalen ikke skulle nedlægges/ eller at man skulle sikre aktivitetsområder/ legeplads til unge mennesker både ude og inde.
- Bedre og mere individuelle fællesrum i elevboliger. Bedre akustik, forslag om trægulve. Mere magelige møbler/indretning.
- "Hullet" er super, kan ikke undværes, må gerne blive bygget ud.

Medarbejderenes ønsker til den fremtidige skole:

- Behov for større fælleslokale/ hal/ biograf.
- Plads til fysisk indendørs- og udendørs udfoldelse.
- Åbne op så man kan se hinanden.
- Nedlæggelse/ombygning af nogle af klasselokalerne.
- Fleksibilitet.
- Grupperum og rum i forskellig størrelse.
- Energifremsynet - solceller, pillefyr, mv

af Ole Mandix

Ambitioner med Helhedsplanen

Helhedsplanens formål er, at modernisere læringsrum, undervisning og opholdsfaciliteter på skolen således at den kan leve op til fremtidens krav om digitale læringsrum.

Væsentlige områder på skolen har ikke været moderniseret siden 1967, og lever ikke op til dagens standard, hvis skolen fremover skal tiltrække unge mennesker.

Projektet gør en forskel ved at udforske fremtidens demokratiske læringsrum. Resultatet af dette projekt kan blive til stor inspiration for alle undervisningsinstitutioner – lige fra folkeskolen til universitetet. Danmarks undervisningssystem er unikt, men må udvikles for at forblive unikt - og sikre Danmark en stærk position i fremtidens globale vidensamfund.

I forbindelse med moderniseringen påtænkes det at udvide elevantallet fra 96 til 120 elever hvorved der allerede år 1 skabes sammenhæng i økonomien.

Økonomien i "Helhedsplanen"

Der blev udfærdiget nye tegninger over skolen, som så blev sendt i licitation.

Efterhånden som tilbuddene på realisering af Helhedsplanen begyndte at indløbe, kunne vi godt se at det ville tage tid. Og efterhånden som bestyrelsen fik lagt tallene sammen kunne vi godt se at det ville have lange udsigter, licitationen på ombygningen havde allerede sneget sig op i et to cifret million beløb. Ingen af de fonde vi havde søgt havde meldt positivt tilbage.

Arbejdsklimaet havde stadigvæk meget at ønske og var ikke blevet bedre selv om der fra alle sider blev gjort et ihærdigt forsøg på at forlige parterne.

Nu var spørgsmålet bare hvorledes vi kom videre med realisering af Helhedsplanen. En række af medarbejderne havde allerede sagt op.

Bestyrelsen arbejdede ihærdigt videre. Hvis vi ikke gjorde

136

af Ole Mandix

noget nu ville skolen være konkurs indenfor de næste 5 år. og skolen ville på sigt ikke kunne tiltrække nye lærere og elever.

Gode arbejdsbetingelser

Bestyrelsen var den opfattelse, at hvis vi i første omgang kunne give skolen nye rammer inden det var forsent. Så ville vi tage fat på konflikten efterfølgende, hvis den stadig eksisterede. Det var vigtigt at lærerne have gode arbejdsbetingelser.

Der tog vi grueligt fejl, da nogle af lærerne allerede havde forladt skolen og ønskede ikke dialog med bestyrelsen.

Alligevel bidrog de til at fremkomme med ønsker til fremtidens skole. De havde jo erfaringen, da de tidligere havde arbejdet med det.

Noget måtte gøres

Bygningerne var for små, og for dårligt vedligeholdt til dette "løft". Afdelingerne kunne ikke rumme det ønskede antal elever, og spisesalen var for lille (der skulle spises i to hold, hvis vi fik det ønskede antal elever, hvilket ikke var ideelt.)

Det øgede elevoptag havde vi tidligere løst med en pavilion - Drabanten.

af Ole Mandix

Hullet (Oceanet) kunne ikke rumme 120 elever. Oceanet var en vigtig og meget central bygning på skolen.

Det vigtigste rum i Oceanet (Hullet) nåede vi at få gjort lidt større så det kunne rumme 120 elever.

Spisesal

Hvis Helhedsplanen skulle gennemføres så ville spisesalen ligeledes blive et problem, man ville i en overgang være nødt til og spise i to hold hvilket absolut ikke ville være nogen god løsning.

Spisesalen var det sted hvor man var samlet midt på dagen og hvor der blev givet fælles beskeder og beskeder fra de enkelte emnegrupper.

Spisesalen skulle udvides mod sportspladsen for at skabe plads til flere elever. Udvidelsen indeholder en ny serverings bar, som er synlig fra "Den Demokratiske Plads".

Servering baren indeholder service og dens lange form gør det muligt at tage mad fra to sider.

Planen for spisesalen som den tog sig ud.

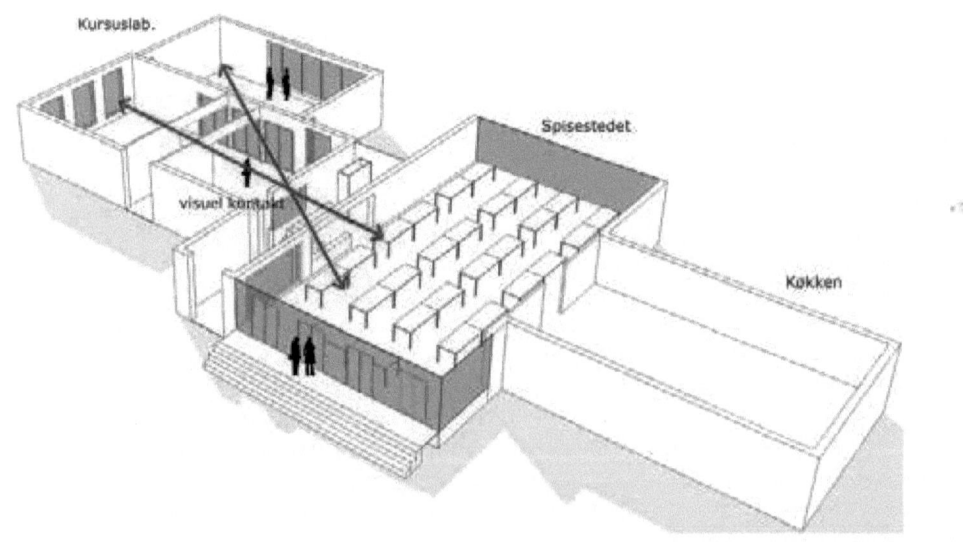

af Ole Mandix

Input til Helhedsplanen

På trods af den økonomiske krise og problematikken mellem ledelse og medarbejdere, forsatte bestyrelsen med at hente input til realisering af Helhedsplanen.

Medarbejderne havde givet tilsagn til, at man gerne ville medvirke til at gennemføre planen.

Medarbejderne var dybt engageret i Helhedsplanen!

I forbindelse med Helhedsplanen blev der også udarbejdet et nyt pædagogisk værdigrundlag, der fik arbejdstitlen Den Lærende Virksomhed.

LÆRENDE VIRKSOMHED - nyt værdigrundlag

af Ole Mandix

Rantzausminde efterskole skal være en lærende virksomhed, som tager sit udgangspunkt i bestræbelserne på at udvikle læring, der svarer til det vidensamfund vi allerede befinder os i.

Læring der kan påvirke fremtiden

Ved læring forstår vi at der skabes undervisningssituationer som fremmer processer. For at udvikle kvalifikationer, skabe kompetencer, øge kreativiteten og iværksætte innovation. Alt sammen i et kulturelt perspektiv, så læringen formår at give sin modtager en forståelse at samfundsudviklingen, og gøre dem i stand til at påvirke deres egen fremtid.

Demokrati kommer ikke af sig selv

Rantzausminde efterskole, er opstået ud fra bitre erfaringer, som besættelse, krig og modstandskamp.

Forståelsen af at demokratiske egenskaber ikke bare opstår ud af ingenting, skabte ønsket om, at give unge i slut halvtredserne og frem, en mulighed for at leve et demokratisk liv, gøre sig egne erfaringer og bringe dem med ind i samtidens samfund.

Udvikle demokratibegrebet

Demokrati blev også forstået ud fra seks ord, (medansvarlighed, samarbejdsevne, initiativ, tolerance, vurderingsevne og beslutningsevne), der skulle vejlede og inspirere de unge til at blive ved med at udvikle demokratibegrebet. En skoleform der bygger på ligeværd og på betydningen af samtalen.

Fra klasse til emneundervisning

For undervisningen betød det, at den traditionelle klasseundervisning måtte skiftes ud med noget nyt, idet en sådan undervisning ikke fremmer tanken om ligeværd og demokratisk indflydelse. Emnestudier i grupper blev den valgte samarbejdsform, dels for at skabe naturlige samarbejdssituationer, dels for at udnytte de forskellige deltageres kompetencer. Begreber som indsamling, bearbejdelse, opgørelse og fremlæggelse blev centrale begreber.

140

af Ole Mandix

En skole der vokser

Efterskolen fik fra start til huse i en forskole fra slutningen af 1900-tallet.

I årerne der gik, blev der tilkøbt en lidt nyere forskole, siden blev køkken og spisesal bygget. Hertil kom først en elevfløj, siden en anden og igen lidt senere en gymnastiksal.

I forbindelse med, at en gammel bindingsværklade (det gamle mødested) brændte, blev der i midt halvfjerdserne bygget en ny stor bygning (Oceanet), som skulle være samlingssted for emnestudier, og rumme det fælles mødested (hullet). Endelig blev der opført en tilbygning til de kreative fag (Østersøen). I nyere tid er afdelinger og spisesal moderniseret, og Oceanet og Østersøen blevet bragt op to date. Endelig er der blevet bygget nye kontorfaciliteter, Pedellens villa blev inddraget til kontor og lærebolig.

Stor efterspørgsel

Skolen oplevede en stor søgning og kan i dag ikke imødekomme alle ansøgere. De fysiske rammer understøtter kun i nogen grad emneundervisningen. Derfor er det skolens ambition at udvide elevantallet og skabe nye moderne rammer for undervisning, læring og udvikling af demokratiet. Fremtidens demokratiske læringsrum.

- Hvordan ser fremtidens demokratiske læringsrum ud?
- Findes der en særlig demokratisk arkitektur som kan danne rammen for Rantzausminde efterskole?

Det er disse to centrale spørgsmål vi med Helhedsplanen søger at besvare. Vi opfatter arkitektur, som konkrete valg i stof og rum.

Valg, som kan påvirke og inspirere mennesker til at leve og mødes i dialogen. Præcis, som de gamle Grækere byggede arkitektoniske manifester for deres kultur, er dette projekt et arkitektonisk manifest for en demokratisk skole.

Der er et demokratisk forhold mellem de nye rum og bygninger, som afspejler skolens demokratiske grundidé. Ingen af skolens rum og bygninger overdominerer de andre. De fremtræder synlige, forskellige og ligeværdige i en balance, som gør syntesen til det særlige.

141

FREMTIDENS DIGITALE SKOLE

af Ole Mandix

Som en del af "Helhedsplanen" skulle Fremtidens digitale skole repræsentere en vision om, hvordan teknologi kan være med til at forandre uddannelseslandskabet for både elever og lærere.

Her er nogle centrale elementer, som kan forventes i en digitalt drevet fremtidig skole.

1. Personliggjort læring

Brug af læringsplatforme, der tilpasser undervisningen til den enkelte elevs niveau, interesser og læringsstil.

Eleven får læringsplaner, der opdateres i realtid baseret på dens præstationer og fremskridt.

2. Digital opdragelse og dannelse

Eleverne skal kunne udføre eksperimenter i et risikofrit digitalt miljø. Etisk brug af teknologi.

Besøg historiske steder og forstå komplekse geografiske strukturer via forskellige hjemmesider.

Fokus på ansvarlig adfærd online, sikkerhed, kritisk tænkning, og Datahåndtering bliver centrale elementer i pensum.

*Som en af de få (og første) Efterskoler fik alle eleverne på Rantzausminde Efterskole ved skolestart udleveret en MacBook - det digitale penalhus var en realitet.
Eleven beholdte Pc'en efter opholdet hvilket forbedrede kontakten med hinanden på de "sociale medier".*

af Ole Mandix

3. Globale klasser

Klasser/elever kan samarbejde på tværs af landegrænser ved hjælp af videokonferencer og fælles digitale projekter.

En kombination af fysisk og digital undervisning, hvor elever kan lære både i klasserummet, i grupper eller ved virtuelt samvær med andre med samme interesse.

4. Data og feedback i realtid

Lærere og elever kan indsamle data om præstation, som kan bruges til forbedring af undervisningen.

Teknologi der giver elever feedback på opgaver med det samme, hvilket hjælper dem med at forstå og rette fejl hurtigt.

5. Inklusion og tilgængelighed

Teknologien giver mulighed for specialdesignede værktøjer til elever med særlige behov, eksempelvis til tekstbehandling (historieskrivning, ChatGBT), fremstillingsteknik, ordblinde, musik og sprog. m.m.

Eleverne får adgang til litteratur og dokumentation via digitale platforme.

6. Bæredygtige løsninger

Alt fra noter til lærebøger og opgaver bliver digitale, hvilket sparer ressourcer.

Fremtidens digitale skole kan skabe fantastiske muligheder, men vil også kræve:
- En stærk infrastruktur og tilgængelighed for alle
- Træning af lærere i brugen af ny teknologi
- Fokus på balancen mellem skærmtid og fysisk interaktion.

143

FORHANDLINGER OM SiD skolen
af Ole Mandix

Kontakt til ejerne af SiD skolen
I forlængelse af et bestyrelsesmøde blev vi gjort opmærksom på de tomme lokaler i SiD's kursusejendom.

Vi tog ud og kiggede på dem. Umiddelbart var det en alt for stor mundfuld, vi opgav i første omgang at gå videre med det. Vi arbejdede derfor videre med vores Helhedsplan.

Nye muligheder
Bygningerne var ejet af selskabet "Innovation & Co" og havde stået tomme i længere tid, og skulle have huset et sundhedscenter.

Kommunen havde ligeledes store planer om at omdanne kursusejendommen til flygtningecenter.

Et muligt dialog var derfor ikke realistisk.

Fremvisning af kursusejendommen
I mellemtiden blev bestyrelsesformanden kontaktet af ejeren af SiD's kursusejendom, der ville undersøge om skolen stadig var interesseret i at drøfte et evt. leje/køb af ejendommen.

Så en fremvisning blev aftalt.

Det skal ikke være nogen hemmelighed at bestyrelsen og ledelsen blev meget begejstret og så en række umiddelbare muligheder for at lave skole her.

Bestyrelsen gik i tænkeboks, det kunne jo ikke skade at for-

SiD's kursusejendom i Gl. Hestehave

af Ole Mandix

sætte dialogen. Efterhånden som forhandlingerne blev mere konkrete blev ledelsen bedt om og fremkomme med budgetter på driften og et realistisk bud på antal elever.

Den daglige drift så ud til at holde, samtidig med at ledelsen forventede at med de nye omgivelser ville der med lethed kunne sælges pladser til 140 elever.

Med baggrund i de nye budgetter blev der efterfølgende indledt konkrete forhandlinger med ejeren om overtagelse af ejendommen.

Forhandlingerne blev alene ført af bestyrelsen og dens rådgivere.

Bevidst havde bestyrelsen valgt **ikke** at tage den daværende ledelse med i forhandlingerne, men de blev løbende orienteret.

Desværre kom Rantzausminde Efterskole ud med det største underskud nogensinde det år, dette gjorde en overtagelse endnu vanskeligere.

En positiv indstilling fra Ole van der Heide gjorde at det blev muligt.

Så vi fortsatte forhandlingerne.

Midt i vores bestræbelser på at finde midler til og få dækket vores underskud og implementeret vores Helhedsplan på Rantzausminde efterskole, (et kæmpe arbejde fra bestyrelsen var blevet nedlagt i at ansøge fonde og virksomheder).

Mageskift

Den fortsatte dialog tog udgangspunkt i et mageskifte, Ole van der Heide skulle overtage den Gamle skole i Rantzausminde og Rantzausminde efterskole skulle overtage SiD skolen.

Alle forhandlinger blev ført på advokatkontoret i Amaliegade, og der måtte ikke refereres fra mødet.

Fyns Amts Avis forsøgte gentagene gange at få en kommentar fra Ole van der Heide og Ole Mandix, som dog ikke reagerede på henvendelsen.

FREMVISNING AF SiD-SKOLEN

af Ole Mandix

Prisen for Helhedsplanen

Efterhånden som licitationen og tilbuddene på realisering af "Helhedsplanen" på Rantzausminde efterskole blev kendt kunne vi godt se at det var en noget vanskelig opgave at realisere.

Beløbet var allerede nået op på et to cifret million beløb.

Dette sammenholdt med prisen for den nye skole gjorde at det blev attraktivt at gå videre i forhandlingerne.

Mange af de fonde vi havde ansøgt om økonomisk støtte meldte negativt tilbage.

Fortsat dialog.

Den fortsatte dialog tog udgangspunkt i et mageskifte, Ole van der Heide skulle som sagt overtage den Gamle skole og Rantzausminde efterskole skulle overtage SiD skolen.

Samtidig blev der skruet en økonomisk model sammen, der efter datidens forhold var en acceptabel fordel for begge parter. *(Aftalen blev senere genforhandlet af den nye bestyrelse)*.

Hvis Rantzausminde skulle have en fremtid så måtte der en modernisering til, et løft var tvingende nødvendigt, hvis vi skulle leve op til vores målsætning som "Fremtidens digitale skole".

Fremvisning af SiD skolen

Bestyrelsen måtte nu vurdere om det var muligt og implementere Helhedsplanen i de nye omgivelser.

Vi fik fremvist bygningerne på SiD skolen og kunne med een gang se at her var det muligt at lave en efterskole, som indfriede mange af de ønsker og krav vi havde.

Bestyrelsen på fremvisning af SiD skolen

af Ole Mandix

Efter gennemgangen blev de nye lokaliteter nøje gennemgået af bestyrelsen og holdt op mod vores Helhedsplan.

1. Vi kunne tilbyde eleverne værelser med 2/4 personer, med eget bad og toilet.
2. Et professionelt køkken
3. Et elevoptag på op til 120-140 elever, kunne udviddes til 200
4. Skolen kunne benyttes som "Familiehøjskole" når ikke den brugt som efterskole
5. Energivenlig opvarmning - pillefyr
6. Frie omgivelser som ikke krævede advisering af naboerne, når der var støjende udendørsaktiviteter
7. Et professionelt lyd og Tv studio
8. En foredragssal som erstatning for Hullet
9. En stor konferencesal med plads til 300 personer som erstatning for gymnastiksalen
10. En opholdsstue med plads til samling og afslapning
11. Rundt omkring på skolens værelsesfløj var der små "lounge" som værelsesgruppen kunne samles i
12. Et auditorium/biograf til forvisning af film og emne fremlægning
13. Masser af grupperum

Alt i alt var det nogle imponerende lokaler, som var særdeles velegnet til at lave skole i, og med et slag kunne vores ambitioner i Helhedsplanen blive indfriet fra dag et.

Skolen kunne ligeledes overtages med ALT inventar, herunder alle designer møbler, billard og bordtennisbord og alt køkkeninventar med service m.v.

AFTALEN UNDERSKRIVES

af Ole Mandix

Det er nu en realitet at Rantzausminde Efterskole skal flytte til Christiansminde.

Det var med vemod at jeg og bestyrelsen nu var årsag til at vi skal forlade vores gamle skole som indeholder så mange minder.

Flytningen giver os nu moderne undervisningslokaler, faciliteter, som vi kun drømte om på den gamle skole. På SiD skolen kan vi nu implementere innovative undervisningsmetoder, der fokuserer på elevcentreret læring, projektbaseret læring og hvor digital teknologi integreres i undervisningen.

Forbedret faciliteter:

Skolen kan nu få moderne indkvarterings faciliteter, klasserum, der er designet til at støtte forskellige læringsformer og aktiviteter, såsom fleksible klasseværelser, kreative rum og udenoms arealer, som er helt unikke.

Den store opgave og mål er nu at få Rantzausminde Efterskoles læring og pædagogik til at lykkedes i de nye omgivelser. Med andre ord skal vi have Jakob og Birtes ånd med.

Købers advokat er: **Advokatfirmaet Knudsen & Guldbrandt A/S**
                       Kullinggade 31C
                       5700 Svendborg
                       Advokat Hans Lindstrøm Svendsen

Købers pengeinstitut er: **Sydbank A/S**
                          Svendborg Afdeling

Som sælger: Som køber:

Dato, *21 MAJ* 2013   Dato, 2013

Ejendomsselskabet Sund ApS   Rantzausminde Efterskole

Denne aftale og øvrige dokumenter vedrørende ejendomsoverdragelserne er fortrolige og må under ingen omstændigheder offentliggøres eller viderebringes til 3. mand uden nærmere skriftlig aftale parterne imellem.

148

FOKUSOMRÅDER

af Ole Mandix

Større fokus på trivsel:
Der skal være et øget fokus på elevernes mentale sundhed og trivsel, med tilbud om rådgivning, sociale aktiviteter og programmer, der fremmer et positivt skolemiljø.

Inklusion og mangfoldighed:
Den nye skole skal have en stærkere tilgang til inklusion, hvor alle elever, uanset baggrund eller evner, får mulighed for at trives og lære.

Samarbejde med lokalsamfundet:
Der skal være en større involvering af lokalsamfundet, det være sig koncerter åbent hus arrangementer. Samarbejde med lokale virksomheder, organisationer og forældre for at skabe relevante læringsmuligheder og støtte til skolen. Udendørs koncerter m.v.

Fokus på bæredygtighed: Skolen kan integrere bæredygtige praksisser, både i undervisningen og i driften, hvilket kan omfatte alt fra affaldssortering til undervisning om miljøspørgsmål.

Styrket fagligt tilbud: Der kan være en opdatering af fagudbuddet under brobygning, hvor der tilbydes flere valgfag, aktiviteter og specialiserede tilbud, der matcher elevenes interesser og muligheder.

Forældreinddragelse: Der kan være større fokus på at involvere forældre og familier i skolelivet, både i beslutningsprocesser og i dagligdagen, for at styrke forbindelsen mellem hjem og skole.

Ovennævnte, er områder som bestyrelsen og ledelsen kommer til at arbejde med i nærmeste fremtid, når flytningen er på plads.

Områderne vil naturligvis afhænge af de ressourcer, der er tilgængelige samt de specifikke behov og ønsker fra elever og lærere. Det vigtigste er, at omstillingen til den nye skole formuleres med fokus på at skabe et positivt og inspirerende læringsmiljø for alle. Der var p.t. ro på lærerværelset.

HUMLEBIEN KAN FLYVE

af David Bernicken Fyns Amts avis

Nogle gange er det jo bare sådan at det ikke kun er humlebier, der trodser naturens love. For det er vel nærmest det denne plan gør.

Heldigvis kan humlebier flyve

Glem alt om en idrætsefterskole. Glem alt om et asylcenter. Glem også alt om de efterhånden glemte planer om et wellnesscenter.

SiD-skolen skal hverken være det ene, det andet eller det tredje.

Den skal i stedet danne rammen om Rantzausminde Efterskole, som formentlig skal have et nyt navn, når den flytter ud til den østlige ende af Svendborg. Og med sig har efterskolen den spritnye Svendborg Friskole, som ikke har optaget så meget som en eneste elev endnu, men mon ikke det kommer?

Og hvor er det befriende og fantastisk, at skolen med de ualmindeligt smukke omgivelser endelig bliver taget i brug. Det er mere end syv år siden, lukningspapirerne blev underskrevet, og der har været skrevet og talt en del om, hvad den dog kan bruges til, hvad den koster, og hvem der dog kan flytte ind i den og ikke mindst, hvem der ikke kan flytte ind på skolen.

Det er ikke mærkeligt, at efterskolens og friskolens formænd lige har været nødt til at børste neglene ind i deres respektive arme for lige at forvisse sig om, at det ikke bare er en drøm.

Det er gået endog meget stærkt, og det vil heller ikke være mærkeligt, hvis de holder vejret, lige indtil alle detaljerne falder helt på plads - papirer, der skal underskrives, og elever, der skal indskrives.

Det er jo kun to måneder og en dag siden, asylcenterplanerne blev skrinlagt i byrådet. Det har givet de to skoler præcis to måneder til at realisere en plan, som de end ikke selv helt troede kunne lade sig gøre.

Nogle gange er det jo bare sådan, at det ikke kun er humlebier, der trodser naturens love. For det er vel nærmest, denne plan gør.

Det kunne formentlig heller ikke lade sig gøre, hvis ikke skolens ejer gennem en god håndfuld år har skullet poste millioner og atter millioner i skolen uden at få noget for pengene.

Innovation & Co Holding ApS har nemlig år efter år tabt masser af penge på skolen, som heller ikke er blevet flere penge værd. Prisen på skolen er i hvert fald ikke steget, mens finanskrisen har hærget, og derfor er det ikke underligt, at ejeren har været villig til at afsætte skolen til en noget fornuftig pris. Den har nemlig vist sig at være et godt investeringsobjekt, og derfor er det heller ikke mærkeligt, at Ole van der Heide greb telefonen og ringede til sin navnebror Ole Mandix Praud for at lave en aftale for en måned siden.

Nu skal der så også slås fast, at kimen til samarbejdet allerede var sat for et par siden, da de to herrer første gang var i kontakt, men det er prisværdigt, at ingen af de to Oler har glemt hinanden. Det har åbnet mulighederne for at udnytte den slumrende bygning til live igen.

Og er der så overhovedet nogen taber i den her sag? Ja, måske.

Rantzausminde mister efterskolen, og selv om naboerne kan glæde sig over, at festerne på skolen ikke kommer til at ødelægge nogens nattesøvn længere, er en skolelukning sjældent sundt for lokalsamfundet. Hverken for livet i byen eller den lokale økonomi.

Derfor må ønsket midt i al glæden over det fornyede liv på SiD-skolen også helt klart være, at bygningerne på Efterskolevej 10 ikke får lov til at stå tomme i lige så lang tid, som SiD-skolen har gjort.

99 Nogle gange er det jo bare sådan, at det ikke kun er humlebier, der trodser naturens love. For det er vel nærmest det, denne plan gør.

Uddrag af artikel:.

Glem alt om en idræts efterskole. Glem alt om et asylcenter. Glem også om de efterhånden glemte planer om et Wellnescenter.

SiD skolen skal hverken være det ene eller andet .

Den skal i stedet danne rammen om Rantzausminde Efterskole, som formentlig skal have et nyt navn, når den flytter ud til den østlige ende af Svendborg. Og med sig har Efterskolen den spritnye Friskole, som ikke har optaget så meget som en eneste elev endnu, men mon ikke det kommer.

Og hvor er det befriende og fantastisk, at skolen med de ualmindelige smukke omgivelser endeligt bliver taget i brug igen. Det er mere end syv år, siden luknings papirerne blev underskrevet og der har været talt en del om, hvad den dog kan bruges til, hvad den koster, og ikke mindst hvem der kan flytte ind.

Det er ikke mærkeligt at efterskolens og friskolens formænd lige har været nødt til at knibe sig i armen for lige at forvisse sig om at det ikke bare er en drøm.

Det er gået endog meget stærkt, og det ville heller ikke være mærkeligt hvis de holder vejret, lige indtil alle detaljerne falder helt på plads - papirer, der skal underskrives, og elever der skal indskrives.

***

Af David Bernicken

Lokalredaktør, Svendborg-redaktionen, dabe@faa.dk

Rantzausminde Efterskole køber SiD skolen af Ole van der Heide til en i følge efterskolens formand meget fornuftig pris.

Vel vidende, at beslutningen var noget af en satsning.

Det, som var vigtigt for bestyrelsen var at få mulighed for at videreføre den pædagogiske linje, som Jakob Andersen i sin tid stod for.

Skulle vi have fortsat i den gamle skole ville det have været en stakket frist før den skulle gennemgribende renoveres, og ventede vi for længe med at gøre noget, ville det være for sent, og være meget svært at rette op på.

Når jeg i Fyns Amts Avis blev citeret for at vi havde gjort en god handel, er alt jo relativt.

Købsprisen skulle holdes op imod hvad det ville koste at renovere vores gamle skole. (Den vinkel forsømte journalisterne at få på deres historie).

Efterskolens formand fortæller at bestyrelsen længe havde arbejdet med planer, der skulle skabe plads til flere elever på Rantzausminde Efterskole.

Formand: – Vi køber skolen til en ualmindelig god pris

■ **Rantzausminde Efterskole køber SiD-skolen af Ole van der Heide til en ifølge efterskolens formand meget fornuftig pris**

Svendborg: SiD-skolen har i flere år været en økonomisk klods om benet på sin ejer, Ole van der Heide, der år efter år har tabt millioner på at eje området, som har stået ubenyttet hen.

Den tid er dog snart ovre, for ikke nok med, at Rantzausminde Efterskole og Svendborg Friskole flytter ind på SiD-skolen. Efterskolen kommer også til at stå som ejer af skolen.

Det fortæller efterskolens formand, Ole Mandix Praud, men han vil ikke oplyse, hvad købsprisen er.

– Det forbliver en hemmelighed indtil videre, siger han, men løfter alligevel en smule af sløret for handlen, som ikke kun omfatter SiD-skolen.

– Det er et magiskifte. Det vil sige, at Rantzausminde Efterskoles nuværende ejen-

Ole Mandix Praud er meget tilfreds med skolehandelen.

dom er en del af handlen, forklarer han.

Det betyder med andre ord, at Ole van der Heides firma, Innovation & Co Holding ApS, overtager efterskolens ejendom i Rantzausminde, men om der er andre elementer i handlen, vil Ole Mandix Praud ikke oplyse. Til gengæld slår han fast, at han er meget tilfreds med handlen.

– Ole van der Heide har været meget imødekommende. Jeg vil gå så vidt som til at sige, at det er en himmelråbende god aftale, vi har lavet, siger Ole Mandix Praud.

Efterskolens formand for-

tæller, at skolen har arbejdet med planer, der skal skabe plads til flere elever på Rantzausminde Efterskole, men de planer blev pakket væk, da Ole van der Heide henvendte sig i begyndelsen af april.

– Vi har et pladsproblem. Hver gang, vi vil udvide med seks pladser, skal vi investere 400.000 kroner, og helt godt bliver det ikke. Derfor er det ideelt for os at flytte herud, fastslår Ole Mandix Praud.

Kontaktet i april

Efterskolens formand blev kontaktet af Ole van der Heide umiddelbart efter, et flertal i Svendborg Byråd 2. april forkastede asylcenterplanerne på SiD-skolen.

– Jeg har for et par år siden været i en meget kort dialog med Ole van der Heide om den her plan, men det var ikke en mulighed dengang. Vores nye dialog opstod så, kort efter byrådet havde droppet asylcenterplanen, fortæller Ole Mandix Praud.

Fyns Amts Avis har forsøgt at få en kommentar fra Ole van der Heide, som dog ikke har reageret på vores henvendelser.

Men de planer er nu pakket væk. I forhold til vores Helhedsplan havde vi et pladsproblem. Skulle vi udvide med bare 6 pladser, har vi måttet investere ca. 400.000 kroner, og helt godt var det ikke blevet. Vi har opsat en pavillon - Drabanten. For at udvide med bare 6 pladser.

Derfor er det ideelt for os at flytte herud fastslår Ole Mandix.

Hvad prisen er for skolen forbliver indtil videre en hemmelighed. Parterne havde tavshedspligt.

SIDSTE SKOLEDAG - en epoke er slut

af Ole Mandix

Eleverne blev samlet i "hullet" for at blive orienteret om at de ville blive det sidste hold på Rantzausminde Efterskole.

Som en af elever udtrykte det, "Det tror jeg ikke falder i god jord hos Gammel Jakob, flere af mine familiemedlemmer har gået her".

Det var den daværende ledelse, som gav orienteringen.

Det kunne lyde som en trist historie for Rantzausminde Efterskoles elever. Specielt når en skole med en så lang en historie og dybe rødder i lokalsamfundet må flytte, så rammer det ikke kun de nuværende elever, men også alle de tidligere elever, der har haft en særlig forbindelse til skolen.

Rantzausminde Efterskole havde en unik kultur, bygningerne bærer mange minder fra årtiers skoleliv, fællesskaber og oplevelser. Mange føler, at skolens historie og ånd forsvinder med bygningerne, og at det nye sted måske ikke vil have den samme charme og betydning.

Selvfølgelig skal skolens sjæl – den unikke måde, skolen er drevet på, – leve videre på den nye skole.

Selv om bygningerne er en stor del af skolens identitet, sidder pædagogikken og læringen ikke i murstenene det var den generelle opfattelse og fortælling fra ledelsen.

Eleverne orienteres om at de er det sidste hold på Rantzausminde Efterskole - en epoke er slut

Fra RANTZ til SE – En ny start

af Ole Mandix

Hvad nu?

Det nye hold elever 2013, skulle starte på den nye skole. Forældrene fik beskeden da alle var samlet i gymnastiksalen. Det stod eleverne frit for at flytte med over til den nye skole. Hvis eleverne eller forældrene ville melde fra kunne de gøre det.

Ingen valgte at melde fra.

Der var arrangeret busser, som skulle køre eleverne over på den gamle SiD skole.

Voldsom reaktion

Det skabte en voldsom kritik og reaktion fra tidligere elever. At skolen nu skulle flytte, Fyns Amts Avis gav os heller ikke mange chancer for overlevelse.

Der var flere læserbreve fra gamle elever, flere meldte sig ud af skolekredsen, (de få der var medlem) dels i protest over flytningen og ikke mindst ledelsen..

Forældrene er samlet i den gamle gymnastikal *Forældre og elever samlet i de nye omgivelser*

153

JAN SVENSSON

reaktion fra gammel elev fra 1973 - 1974

Nedenstående er en kommentar til lukning af Rantzausminde Efterskole

Rantzausminde Efterskole er afgået ved døden, også ånden, der knyttede sig dertil. Og alene det faktum, ikke, at bringe navnet med sig, vidner om den distance man lægger til grundlæggeren og dennes værk.

Men måske kalder tiden på andre ting, til trods for at demokratiet, som begreb og levevis, er under massivt pres, og kun lever med besvær i et, desværre fåtal, af landene på denne klode.

Eller, er der i virkeligheden et endnu større behov for demokratiforståelse, i tider, hvor mægtige mænd kommer til magten med løgne og fordrejninger, hvor aviser med spin og retorisk dygtighed, tvister virkeligheden, på grund af motiver man kun kan gisne om?

Grundlæggeren, formanden, pædagogen, teologen, filosoffen Jakob, håbede at give os den gave, at være i stand til at undersøge tingene selv, forsøge at forstå den verden vi lever i, tage stilling, og blive aktive medborgere i dette land - denne verden. Noget som ikke glimrer specielt med sit nærvær disse år. At skolen i Rantzausminde blev solgt bag vores ryg er komplet utilgiveligt. Og, om det står til troende, at det daværende forstanderpar fjernede alle oplysninger om gamle elever og disses adresser, er det intet mindre end skandaløst. Og at den daværende bestyrelse, med Ole P i spidsen, ikke magtede at finde frem til os gamle elever alligevel, er både uendelig trist og uhyre slapt, da jeg fornemmer, at mange af os, havde en betydelig velvilje over for skolens oprindelige tanke, og ville have været, en robust support for denne, både økonomisk og ideologisk.

Jeg tror ikke, at Ole Mandix kommende bog om Jakob Andersen og dennes værk giver meget mening, da, som nævnt, hverken ånd eller navn er tilbage, som monument over et klogt og indsigtsfuldt menneskes kald og værk, i den sydfynske idyl.

Elever: Flytning dræber historien

■ Elever synes, det er ærgerligt, at Rantzausminde Efterskole flytter

■ Asger Christensen, Mikkel Teglværk Frydenlund og David Draad er lidt kede af, at deres efterskole flytter, selvom de selv er færdige på skolen og ikke skal med til Gl. Hestehave.

Asger Christensen, Mikkel Teglværk Frydenlund og David Draad er lidt kede af, at deres efterskole flytter, selvom de selv er færdige på skolen og ikke skal med til Gl. Hestehave.

Eleverne syntes det er ærgerligt, at Rantzausminde Efterskole flytter

Det tror jeg ikke, ville være faldet i god jord hos Gammel Jakob, siger Asger Christensen om flytning af Rantzausminde Efterskole.

Gammel Jakob er manden, der grundlagde skolen i 1956, og hvis ideer om demokrati og aktiv pædagogik stadig er fundamentet for skolen. Asger Christensen er elev i 10. klasse, og han er ikke begejstret for flytteplanerne -selvom han snart er færdig og slet ikke skal flytte med til Gl. Hestehave.

Min søster og flere fra familien har gået her, og jeg tror, at skolens charme forsvinder det nye sted , siger han og bakkes op af vennerne .

-De dræber historien siger Mikkel Teglværk Frydenlund, der også har familierelationer på skolen .

David Draad giver et andet eksempel: Troels Bech (fodboldstræner i OB senere cheftræner i BIF, red) er født her. Her er masser af historie.

-Nu risikerer vi, at skolen bliver revet ned selvom bygningerne har fungeret fint. Der er slet ingen god grund til at flytte, siger han.

ÅNDEN ER IKKE I MURSTENENE

Af Gitte Gedde - Fyns Amts Avis

Ledelsen på Rantzausminde Efterskole glæder sig til at fylde de nye bygninger i Gl. Hestehave med demokrati, sjæl og traditioner fra deres 57-årige skole

Ånden er ikke i mur- stenene

SiD skolen i Gl. Hestehave har stået tom i syv år, og det bærer den klart præg af, selvom den er velholdt.

Den er ikke bare tom - den føles også tom for mennesker, for inventar og tom for liv og sjæl.

Men det skræmmer ikke ledelsen fra Rantzausminde Efterskole, som allerede gør sig tanker om den forandring, der skal ske - dels med bygningerne og dels med deres efterskole i de nye rammer.

Ledelsen er ikke den mindste smule nervøse for, at bygningerne kommer til at mangle sjæl, når de kommende elever og deres lærere flytter ind efter sommerferien.

Den mangler jo sjæl og ånd nu, men "ånden er jo ikke i murstenene" som skolens stifter Jakob Andersen altid sagde, siger ledelsen.

Vi skal have ånden med herud, og vi vil fylde skolen med vores traditioner.

Eleverne vil blive inddraget fra starten på vanlig demokratisk vis, så vi finder vore fremtidige form. Jeg er sikker på at Jakob ikke ville have spændt ben for det.

Det er stort

Og vi ser store muligheder herude. Det er stort. Der er så meget plads og fine moderne faciliteter, siger ledelsen.

I dag på den gamle skole er der 16 elever om hvert badeværelse. Herude bliver de to, der skal deles om badet.

Det er meget mere tidssvarende

Rantzausminde Efterskole har længe haft udvidelsesplaner. Projektet til en udbygning af den gamle skole ligger klar fra arkitekten. Men prisen vil for nærvæ-

Forstanderparret på Rantzausminde Efterskole glæder sig til at fylde de nye bygninger i Gl. Hestehave med demokrati, sjæl og traditioner fra deres 57-årige skole

Af Gitte Gedde

rende løbe op i over 25 millioner kroner. Hvilket svarer til at det giver plads til ekstra 20 elever.

Topgearet TV-Studie

I Gl. Hestehave er der masser af kvadratmeter. I tilgift er der et helt færdigt TV-studie fra dengang i 90'erne, hvor TV Svendborg, finansieret af SiD, sendte fra lokalerne.

Rantzausminde Efterskole er en kommunikations og medieskole, og vi kan lave film på en hel anden måde når vi får et topgearet tv-studie, siger ledelsen.

Ledelsen siger endvidere, at skolens nuværende gymnastiksal, hvor man sidder på træbænke uden ryglæn og hvor gulvet er hullet.

Nu får vi Svendborgs største konferencesal, og vi får lige så fine geografiske omgivelser som i Rantzausminde. Der er ikke langt til stranden, man kan køre mountainbike i grusgraven. Fitness.dk og Stjernen ligger ikke langt derfra, og vi har skovene og en lille fin boldbane og et indendørs svømmebassin

I det hele taget ser ledelsen frem til og åbne skolen mere for omverdenen ved at udlejning og større arrangementer.

***

SiD -SKOLENS HISTORIE

Fyns Amts Avis

1977: SiD skolen i Gl. Hestehave indvies. Den er tegnet af far & søn, arkitekterne Oluf og Jeppe Rasmussen 1979 tilbygges en ekstra østfløj, og i 1990 opføres Mediehuset med en konferencesal til 325 siddende gæster. Byggeriet er i alt på 11329 etagemeter og er omkranset af 80.000 kvadratmeter grønne arealer. Den rummer 84 enkeltværelser, 10 dobbeltværelser otte klasseværelser, 23 grupperum samt dagligstue, bibliotek restaurant, køkken og svømmehal.

2006: En æra slutter med det sidste 1. maj møde. Den første forstander Mogens Larsen er afløst af Kurt Christensen, der gør skolen til et udadvendt sted med jazzkoncerter og andre aktiviteter, men 3F, der nu er ejer, lukker skolen.

2007: Ejendommen bliver solgt til, københavnske investerings og udviklingsselskab Innovation & Co. for i omegnen af 70 millioner kroner. Selskabets plan om et nyt sundhedscenter kuldsejler. Det skal bygge på fonde og kommunalt tilskud på 14 millioner, mens andre 40 millioner skal komme fra den Europæiske socialfond. Men med en tom bygning er der kun underskud at hente. Det bliver så sent i regnskabsåret 2010/2011 opgjort til 8,6 mill. kroner. Myndighederne vender tomlen nedad, da Region Syddanmark vurderer, at det "erhvervsmæssige" perspektiv ikke er stærkt nok.

2010: Hospice i Svendborg har følere ude efter SiD skolen, men trækker sig på grund af skolens størrelse og bygger selv nyt ved Hellegårdsvej.

SiD-skolen - ejendommen med de mange overskrifter

▸ **1977:** SiD-skolen i Gl. Hestehauge indvies. Den er tegnet af far og søn, arkitekterne Oluf og Jeppe Rasmussen. I 1979 tilbygges en ekstra østfløj, og i 1990 opføres Mediehuset med konferencesal til 325 siddende gæster. Byggeriet er i alt på 11.329 etagemeter og er omkranset af 80.000 kvadratmeter grønne arealer. Den rummer 84 enkeltværelser, 10 dobbeltværelser, otte klasseværelser, 23 grupperum samt dagligstue, bibliotek, restaurant, køkken og svømmehal.

▸ **2006:** En æra slutter med det sidste 1. maj-møde. Den første forstander, Mogens Larsen, er afløst af Kurt Christensen, der ellers gør skolen til udadvendt sted med jazzkoncerter og andre aktiviteter, men 3F, der nu er ejer, lukker kursusejendommen.

▸ **2007:** Ejendommen bliver solgt til den nuværende ejer, det københavnske investerings- og udviklingsselskab Innovation & Co. for i omegnen af 70 millioner kroner. Selskabets plan om et nyt sundhedscenter kuldsejler. Det skal bygge på fonde og kommunalt tilskud på 14 mil-

lioner, mens andre 40 millioner skal komme fra Den Europæiske Socialfond. Men med en tom bygning er der kun underskud at hente. Det bliver så sent som i regnskabsåret 2010/2011 opgjort til 8,6 millioner kroner. Myndighederne vender tomlen nedad, da Region Syddanmark vurderer, at det "erhvervsmæssige perspektiv" ikke er stærkt nok.

▸ **2006:** Flere firmaer forhører sig på SiD-skolen. Entreprenørfirmaet Guldfeldt A/S er blandt de interesserede, men interessen kølnes efter en bygningsmæssig gennemgang af skolen. Og Trio Port synes, at prisen på 70 millioner kr. er for høj.

▸ **2010:** Hospice i Svendborg har følere ude efter SiD-skolen, men trækker sig på grund af skolens størrelse og bygger selv nyt hospice i fjor ved Hellegårdsvej.

▸ **2012:** Planerne om et asylcenter kommer frem. SiD-skolens ejer har lavet lejeaftale til 2018 for mindst 200 flygtninge, men forudsat politisk godkendelse, og den kommer aldrig fra Svendborg Byråd. Undervejs splittes partierne, bl.a. fordi det viser sig, at centret skal have 250 flygtninge, for at økonomien kan hvile i sig selv uden at give underskud for Svendborg Kom-

mune. I den sidste ende mangler Socialdemokratiet en stemme - Bjarne Hansens - for at få flertal. Inden da har der været en voldsom debat i Svendborg, bl.a. med et meget velbesøgt møde på netop SiD-skolen i "Debatteriet" i Fyns Amts Avis.

▸ **2013:** Midt i debatten om asylcenter spøger planer om en flytning af Efterskolen ved Nyborg til Svendborg, men SiD-skolen er allerede udlejet til Flygtningestyrelsen på betingelse af politisk accept. Nyborg-folkene vil lave en efterskole med 200 elever. Men der mangler 22 millioner kroner, for at Nyborg-planen kan blive virkelighed, og så trækkes følehornene.

▸ **2013:** Rantzausminde Efterskole laver mageskifte med Innovation & Co. og tilknytter Svendborg Friskole i et helt nyt projekt med planer om 150 efterskoleelever og 80 friskoleelever.

Fyns Amts Avis

2012: Planerne om et asylcenter kommer frem , SiD -skolens ejer har lavet en lejeaftale til 2018 for mindst 200 flygtninge, men forudsat politisk godkendelse, og den kommer aldrig fra Svendborg Byråd. Undervejs splittes partierne, bl.a. fordi det viser sig at centret skal have 250 flygtninge for at økonomien kan hvile sig i sig selv uden at give underskud for Svendborg Kommune I den sidste ende mangler Socialdemokratiet én stemme - Bjarne Hansens - for at få flertal. Inden da har der været en voldsom debat i Svendborg bl.a. med meget velbesøgt møde på netop SiD skolen i "Debatteriet" i Fyns Amts Avis.

2013: Midt i debatten om asylcenter spøger planer om en flytning af Efterskolen ved Nyborg til Svendborg, men SiD skolen er allerede udlejet til Flygtningestyrelsen på betingelse af politisk accept. Nyborg-folkene vil lave efterskole med 200 elever. Men der mangler 22 millioner kroner, for at Nyborg planen kan blive virkelighed, og så trækkes følehornene tilbage.

2013 Rantzausminde Efterskole laver mageskifte med Innovation & Co. og tilknytter Svendborg Friskole i et helt nyt projekt med planer om 150 efterskole elever og 80 friskoleelever..

ET MIX

Hentet fra Wikipidia

ET MIX AF HAL KOCH OG FAGBEVÆGELSE

I dag står Svendborg Efterskole på rødderne af 2 store skoleprojekter: Rantzausminde Efterskole, som var landets første demokrati-orienterede efterskole og SiD-skolen, som var et af fagbevægelsens store kursuscentre.

"Hvad er et menneske uden de andre?"

I 1956 blev det, der i dag er Svendborg Efterskole, oprettet af Birte og Jakob Andersen under navnet Rantzausminde Efterskole.

Det var en skole, hvor man pædagogisk udforskede mulighederne for at danne en demokratisk tankegang. Skolen var stærkt inspireret af store tænkere om demokrati, fx Hal Koch.

Dets væsen beror på dette, at man mødes og tales ved, at man gennem samtalen når til en bedre og rimeligere forståelse og derudfra formår at træffe en afgørelse, som ikke alene tjener en enkelt person eller klasse, men som tager billigt hensyn til helheden.
Hal Koch

I dag står Svendborg Efterskole på rødderne af 2 store skoleprojekter: Rantzausminde Efterskole som var landets første demokrati orienterede efterskole og SiD skolen som var et af fagbevægelsens store kursuscentre.

"Hvad er et menneske uden de andre" *(Jakob Andersen)*

Blev det der i dag er Svendborg Efterskole oprettet af Birte og Jakob Andersen under navnet Rantzausminde Efterskole.

Det var en skole, hvor man pædagogisk udforskede mulighederne for at danne en demokratisk tankegang. Skolen var stærkt inspireret af store tænkere som fx. Hal Koch.

Hal Koch har blandt andet sagt om demokrati: "Demokrati er ikke blot en styreform. Demokrati er samtale. Det er en måde at handle på og en måde at omgås andre mennesker på, hvor respekten for individet, fællesskabet, omgivelserne og samfundet er helt centralt.

Demokrati (oldgræsk:, romaniseret dēmokratía, dēmos 'folk' og kratos 'vælde') eller folkestyre er et politisk system, hvor magten ligger hos folket. I en moderne forståelse af begrebet skelnes mellem styreform og holdning (livssyn). Demokrati betyder folkestyre.

HVEM VAR HAL KOCH?

Hentet fra Wikipidia

Hal Kock

DUFs (Dansk Ungdoms Fællesråd, red) første formand, Hal Koch (06.05.1904 – 10.08.1963), var teolog og kirkehistoriker. Han var gift med politikeren Bodil Koch og far til politikerne Ejler Koch og Dorte Bennedsen.

Hal Koch blev cand. theol. i 1926, dr. theol. i 1932 og professor i kirkehistorie ved Københavns Universitet i 1937. Han var formand for repræsentantskabet i Dansk Ungdoms Samvirke i 1940-1946. I Dansk Ungdoms Samvirke, som DUF oprindeligt hed, fremmede han det folkelige sammenhold mod besættelsen.

Efter befrielsen i 1945 var han kritisk over for dele af retsopgøret. Koch var den første forstander for Krogerup Højskole 1946-1956, og han var en flittig samfundsdebattør. Han udgav taler, artikler og bøger om teologiske, historiske, folkelige og etiske emner.

Den mest kendte af Hal Kochs bøger er formentlig "Hvad er demokrati?", der i sin essay-form stiller spørgsmålstegn ved blandt andet retssamfundet og fremholder et demokratisyn med fokus på samtalen, kulturen og sindelaget.

Ifølge Hal Koch er demokratiets dybeste væsen ikke kold jura, men levende ånd i menneskeligt fællesskab og kultur. Hal Koch har blandt andet sagt om demokrati:

"Demokrati er ikke blot en styreform. Demokrati er samtale. Det er en måde at handle på og en måde at omgås andre mennesker på, hvor respekten for individet, fællesskabet, omgivelserne og samfundet er helt centralt. Og hvor fordommene lader sig udfordre, og argumenterne flytter holdninger."

FLYTNING PÅ REKORDTID

Af Henrik Nguyen - Fyns Amts Avis

Flytning fra Rantzausminde giver udfordringer siger ledelsen.

Det var en stolt ledelse, der i går tog i mod 119 nye efterskole elever For selv om det blot er to måneder siden, flytningen fra Rantzausminde til SiD skolen blev en realitet, er man godt på plads forklarer forstanderen.

Den største udfordring har været, at flytningen er sket på rekordtid. Det er meget at flytte en skole på så kort tid, siger hun.

Det skete jo hurtigt og man tænkte, kan vi nu få det hele til at fungere? Men det kan vi helt sikkert, og det er en stor glæde at stå her i dag og se på de her dejlige omgivelser, hvor vi har meget mere plads og mange flere muligheder lyder det fra ledelsen.

Ledelsen medgiver, at den hurtige flytning betyder, at ikke alt er helt på plads

Flytning på rekordtid

Svendborg/Rantzausminde:
Det var en stolt forstanderinde, der i går tog imod 119 nye efterskoleelever.

For selvom det blot er to måneder siden, flytningen fra Rantzausminde til SiD-Skolen blev en realitet, er man godt på plads, forklarer Annette Clemmensen.

- Den største udfordring har været, at flytningen er sket på rekordtid. Det er meget at flytte en skole på så kort tid, siger hun.

- Det skete jo hurtigt, og man tænkte, kan vi nu få det hele til at fungere? Men det kan vi helt sikkert, og det er en stor glæde at stå her i dag og se på de her dejlige omgivelser, hvor vi har meget mere plads og mange flere muligheder, lyder det fra forstanderinden.

Positiv udfordring
Annette Clemmensen med-
giver, at den hurtige flytning måske betyder, at ikke alt er helt på plads. Det er dog ikke en dårlig ting.

- Vi tænker også, i og med vi er en demokratisk skole, at det ville være interessant at få eleverne med til at give deres aftryk på skolen. Vi vælger at se det som en positiv udfordring, at alle ting ikke nødvendigvis er på plads, siger hun og fortæller, at det mest er fysiske ting, der skal flyttes lidt på.

- Omkring det pædagogiske tror jeg, at vi har meget

godt hoved og hale i det, da der ikke er meget, vi skal lave om, og vi har meget godt styr på vores pædagogik.

Lagt op til navneændring
Adressen er en ny, men efterskolens ånd bliver den samme, håber Annette Clemmensen.

- Ånden ligger meget i vores pædagogiske grundlag om at være en demokratisk skole. At behandle hinanden ordentligt. Det har vi jo gjort ude på den anden skole i de 18 år, jeg har været der, siger hun.

Alligevel lægger hun op til, at der måske kommer en markant ændring i fremtiden.
- Navnet Rantzausminde Efterskole i sig selv passer måske ikke til det herude, men det er dér, de unge mennesker har meldt sig ind. Det er klart, at på et eller andet tidspunkt, skal vi nok se på, at navnet skal være på et andet, ligesom vi på sigt skal slå os sammen med friskolen, siger hun.

I første omgang koncentrerer Annette Clemmensen sig dog om at få en relativ ny lærergruppe på plads.

- Der er en del nye folk med. Vi er 10 lærere og seks nye, siger Annette Clemmensen, der kan se fordele i, at det er en ny gruppe, som skal føre efterskolen videre.

- Det, de nye føler, er, at det her bliver vores sted og kommer ikke og tager over for andres vaner og rutiner. Der er en god energi i medarbejdergruppen, og det bærer rigtig langt, lyder det fra efterskolens forstander.

Af Henrik Nguyen
heng@faa.dk

Af Henrik Nguyen - Fyns Amts Avis

Det er dog ikke en dårlig ting. Vi tænker også i og med vi er en demokratisk skole, at det ville være interessant, at få eleverne med til give deres aftryk på skolen.

Vi vælger at se det som en positiv udfordring, at alle ting ikke nødvendig er på plads, siger de, og fortæller, at det mest er fysiske ting, der skal flyttes lidt på.

Omkring det pædagogiske tror jeg, at vi har meget godt hoved og hale i det, da der ikke er meget, vi skal lave om og vi har meget godt styr på vores pædagogik.

Lagt op til navneændring.

Adressen er ny, men efterskolens ånd bliver den samme, håber ledelsen.

Ånden ligger meget i vores pædagogiske grundlag om at være en demokratisk skole. At behandle hinanden ordentlig. Det har vi jo gjort ude på den anden skole i 18 år, vi har været der, siger ledelsen.

Alligevel lægger ledelsen op til at der måske kommer en markant ændring i fremtiden.

Navnet Rantzausminde Efterskole i sig selv passer måske ikke så godt herude, men det er dér, de unge mennesker har meldt sig ind. Det er klart at, på et og andet tidspunkt, skal vi nok se på, navnet skal være et andet, ligesom vi på sigt skal slå os sammen med Friskolen.

I første omgang koncentrer vi os om at få en relativ ny lærergruppe på plads. (*Alle lærerne havde sagt op*). red.
- Der er en del nye folk med. Vi er 10 lærere og seks er nye, siger ledelsen, der kan se en fordele i, at føre efterskolen videre.

-Det, de nye føler, er at det bliver vores sted og kommer ikke og tager over for andres vaner og rutiner. Der er god energi i medarbejdergruppen, og det bærer rigtig langt, lyder det fra ledelsen.

***

SVENDBORG FRISKOLE

Torsten Nielsen - Fyns Amts Avis

To skoler rykker ind på SiD-skole

■ Rantzausminde Efterskole og Svendborg Friskole flytter sammen ind på SiD-skolen til august

Svendborg: Et højst usædvanligt mageskifte baner i dag vejen for, at den store tomme SiD-skole i Gl. Hestehauge bliver overtaget af Rantzausminde Efterskole og en helt ny Svendborg Friskole.

Rantzausminde Efterskole har i årevis været i konstant pladsnød, mens Svendborg Friskole netop nåede at finde sammen med efterskolen, inden den var på vej til at starte i pressede omgivelser ved den katolske kirke.

- Det er pragtfuldt, at projektet er lykkedes, da vi i længden ikke kunne blive i Rantzausminde, siger formanden for Rantzausminde Efterskole, Ole Mandix Praud, der underskriver salgspapirerne i dag.

Glæden var tydeligvis stor blandt de kommende elever på skolen i Gl. Hestehave, da Rantzausminde Efterskole i går eftermiddags inviterede elever og forældre fra hele landet på en rundtur på den tidligere SiD-skole. Samtidig inviterede Svendborg Friskole alle lokale børn og forældre, der står på listen til den nye skole.

Efterskoleeleverne, der starter til august, fik tilbudet om at annullere aftalerne og få pengene tilbage, hvis de ikke vil med til Gl. Hestehauge, men det har ingen reageret på.

Og glæden var lige så stor i kredsen omkring Svendborg Friskole, da den tidligere SiD-skole i går pludselig fik liv af børn i alle aldre og deres forældre, som fik kaffe, sodavand og kage.

- Vi er jo så heldige, at skolebygningerne her i Gl. Hestehauge rummer to afdelinger. En ny og en gammel, hvor Svendborg Friskole helt naturligt overtager undervisningslokaler i den nye afdeling, mens efterskolen lige så naturligt skal bruge alle faciliteter og de omkring 100 værelser med plads til 200 elever i den gamle afdeling, siger formanden for Svendborg Friskole, Celine Ferot, der ikke lægger skjul på, at hun har været nødt til at nive sig selv i armen for at forsikre sig om, at hun ikke drømmer.

Rantzausminde Efterskoles formand har ingen oplysninger om, hvad Rantzausminde Efterskoles nu snart forhenværende bygninger skal bruges til under nyt ejerskab.

- Vi har i dag knap 100 elever, men en efterspørgsel på 120-130 pladser. Nu kan vi blive helt op til 200, jubler efterskoleformanden og tilføjer, at næsten alle ansatte - bortset fra nogle få lærere, der ønsker at stoppe - følger med til Gl. Hestehauge.

På Svendborg Friskole håber man i første omgang på 40 elever fra 0.-9. klasse fra august og senere hen 80 børn, og også her skal der ske en række ansættelser i den kommende tid, mens der allerede fra næste weekend arrangeres indskrivning til Svendborg Friskole.

For begge skoler er der en række formaliteter, der skal på plads, såsom godkendelser i de to skolers bestyrelser samt brandmyndighedernes og de bevilgende myndigheders accept af flytning og opstart på SiD-skolen.

Af Torsten Nielsen
og David Bernicken
Foto: Tim K. Jensen
torni@fa.dk, dben@fa.dk,
tkj@fa.dk

Rantzausminde Efterskole og Svendborg Friskole flytter sammen på SiD skolen til august,

Et højst usædvanligt mageskifte baner i dag vejen for ,at den store tomme SiD skole i Gl. Hestehauge bliver overtaget af Rantzausminde Efterskole og en helt ny Svendborg Friskole.

Rantzausminde Efterskole har i årevis været i konstant pladsnød, mens Svendborg Friskole netop nåede at finde sammen med efterskolen, inden den var på vej til at starte i pressede omgivelser ved den katolske kirke.

-Det er pragtfuldt, at projektet er lykkedes, da vi i længden ikke kunne blive i Rantzausminde, siger formanden for Rantzausminde Efterskole Ole Mandix, der underskriver salgspapirerne i dag .

Glæden var tydeligvis stor blandt de kommende elever på skolen i Gl. Hestehauge, da Rantzausminde Efterskole inviterede elever og forældre fra hele landet på en rundtur på den tidligere SiD skole samtidig inviterede Svendborg Friskole alle lokale børn og forældre der står på listen til den nye skole.

Efterskole eleverne der starter til august, fik tilbudet om at annullere aftalerne og få pengene tilbage, hvis de ikke vil med til Gl. Hestehauge, men det har ingen reageret på.

Og glæden var lige så stor i kredsen omkring Svendborg Friskole, da den tidligere SiD skole, i går pludselig fik liv af børn i alle aldre og deres forældre, som fik kaffe, sodavand og kage

Vi er så heldige at skolebygningerne her i Gl. Hestehauge rummer to afdelinger. En ny og en gammel. Svendborg Friskole overtager helt naturligt undervisningslokaler i den nye afdeling (mediehuset), mens efterskolen så skal bruge alle faciliteter, og omkring 10

Torsten Nielsen Fyns Amts Avis

værelser med plads til 200 elever i den gamle afdeling, siger formanden for Svendborg Friskole, der ikke lægger skjul på, at hun havde været nødt til at nive sig selv i armen for at forsikre sig om at hun ikke drømmer.

Rantzausminde Efterskoles formand har ingen oplysninger om, hvad den gamle efterskole skal bruges til under det nyt ejerskab.

Vi har i dag knap 100 elever men en efterspørgsel på 120-130 pladser. Nu kan vi blive helt op til 200, jubler formanden, og tilføjer at næsten alle ansatte er positive, - bortset fra nogle få lærere der ønsker at stoppe - følger ikke med til Gl. Hestehauge.

På Svendborg Friskole håber man i første omgang på 40 elever fra 0-9 klasse. Fra august, og senere 80 børn, og også her skal ske en række ansættelser den kommende tid, mens der allerede fra næste weekend arrangeres indskrivning til Svendborg Friskole.

For begge skoler er der en række formaliteter der skal på plads, såsom godkendelse i de to bestyrelser samt brandmyndighedernes og de bevilgende myndigheders accept og opstart på SiD skolen.

***

SVENDBORG FRISKOLE FLYTTER MED

af David Bernicken

Bestyrelsen og dens rådgivere brugte meget tid på at gennemarbejde økonomien. I tillæg til Efterskolen havde ledelsen indgået aftale om, at Svendborg Friskole skulle have en del af bygningerne. Friskolen ville bidrage til økonomien med tilskud fra ekstra 40 elever.

(Det var bestyrelsen i første omgang uvidende om og ikke særlig begejstret for, men ledelsen fastholdte).

Bestyrelsen skulle nu have økonomien til at hænge sammen, og de tog udgangspunkt i de budgetter som vi fik fra ledelsen. Her estimerede man, at med de nye omgivelser kunne ledelsen sagtens "sælge billetter" til et elevoptag på mindst 140 elever, det første år og 40 elever til Friskolen. Det viste sig dog at det var vel optimistiske tal og holdt ikke stik. Dertil kom økonomien fra Svendborg Friskoles, som så fik det hele til at hænge sammen. Ledelsens datter samt viceforstanderens var stærkt engageret i at få etableret Friskolen. Friskolen skulle residere i mediebygningen, og som sådan ikke have noget med Efterskolen at gøre. Undervisningsministeriet havde allerede været ude og advare mod planerne, og havde udstukket reglerne for hvordan et sådant samarbejde kunne foregå.

Formanden for Rantzausminde Efterskole Ole Mandix, er klar med skolens 100 elever i de nye omgivelser til august og det samme gælder Svendborg Friskoles formand, Celine Ferrot med 40 elever. Til højre ses viceforstander Bo Kristensen.

Hvis vi ikke rettede os efter deres anvisninger, ville de gribe ind. Efterskolen kunne ikke bare udleje/sælge lokalerne til Friskolen, men vi skulle fusionere med skolen, hvilket vil sige, at de blev en økonomisk belastning for Efterskolen, det havde vi ikke lyst eller penge til.

Friskolen skyldte allerede et anseligt beløb i husleje til Efterskolen. Det viste sig, endnu engang, at de budgetter som ledelsen havde udarbejdet ikke holdt stik.

Så riget fattedes penge.

Nu var Friskolen ledelsens opfindelse, som også sammen med et familiemedlem havde investeret i oprettelsen.

Det gjorde det heller ikke bedre at dele af Efterskolens ledelse lagde sig ud med Friskolens bestyrelse.

Med andre ord blev det hurtigt hverdag
Svendborg Friskole holder vejret, mens den ny bestyrelse hos Rantzausminde Efterskole bestemmer sig for, om den vil en fusion.

Friskolen deler lokaler på SiD skolen, og det har hele tiden være planen, at de skulle finde sammen om en samlet fri-og efterskole.

Uroen hos Rantzausminde Efterskole førte som bekendt til en total udskiftning af bestyrelsen, der i næste uge skal beslutte sig for, om man vil fortsætte fusionsplanerne med Svendborg Friskole.

Bestyrelsen hos Svendborg Friskole har af samme grund besluttet at fritstille skolelederen og lærerne i tilfælde af, at man ikke når til en løsning med den nye bestyrelse.

***

KAOS (igen) PÅ OMSTRIDT EFTERSKOLE

Af Gitte Gedde - Fyns Amts Avis

Bestyrelsen er gået fra Rantzausminde Efterskole, og meget tyder på, at det sker i protest mod ledelsen.

Rantzausminde Efterskole står uden bestyrelse. Der er derfor indkaldt til ekstraordinær generalforsamling. Det passer ikke, og det så vi i går. Da blev fire elever sendt hjem. Bestyrelsen er gået i utide, så der skal vælges en ny. Hvad siger du til det?- Sådan er spillets regler. Når der er nogen, der ønsker at trække sig ud, og bestyrelsen ikke længere er fuldtallig, så er den heller ikke beslutningsdygtig.

Men jeg ville godt have fortsat med den gamle, for vi har haft et ud mærket samarbejde. Men bestyrelsesformand Ole Mandix skriver i en mail til et tidligere bestyrelsesmedlem, at bestyrelsen nu trækker sig, ledelsen, har manipuleret bestyrelsen ud på sidelinjen ...

- Det har vi ikke. Hvorfor tror du, han skriver sådan?- Det må stå for hans regning. Det er ikke min oplevelse. Men I må jo have haft en konflikt, siden han skriver så dan.

Hvilken?- Jeg har ikke haft en konflikt med bestyrelsen. Det er bestyrelsen internt, der har valgt at stoppe.

Andreas (elev), som har valgt at forlade skolen, hentede sine ting onsdag aften, fortæller, at han flere gange har fortalt jer, at eleverne ryger hash. Andreas fortæller også, at det er længe siden, han fortalte jer det. Og at I først gør noget nu, fordi I er under pres. Er det korrekt? Andreas har nogle særlige problemstillinger, som jeg ikke vil ind på. Så det vil jeg ikke kommentere.

Han fortæller også, at eleverne får lov til at sove til klokken 12, og at de ofte ikke får undervisning. Har han ret i det?
- Nej, det er ikke korrekt. Det er klart, at der somme tider er elever, der sover for længe, men så bliver de hentet. Men jeg vil helst ikke ind på personlige ting.

Det kan Andreas tillade sig, men jeg kan ikke. Det er mennesker, det handler om, og vi skal ikke udlevere nogen.

Jeg har fået en e-mail fra Andreas' far. I den skriver han, at han og Andreas blev verbalt overfaldet af en fra ledelsen, da de hentede Andreas', ting onsdag aften. Og at vedkommende blandt andet truede

Af Gitte Gedde - Fyns Amts Avis

med at melde Andreas' far, til de sociale myndigheder. Hvad siger du til det?- Det kender jeg ikke noget til. Jeg var der ikke. Må jeg tale med vedkommende fra ledelsen? Nej, det har vi ikke tid til. Vi er på vej til møde.

Ballade på lærerværelset i mange år har Fyns Amts Avis fortalt om i en række artikler i september, at der blandt skiftende personale igennem en årrække har været uro og utilfredshed med ledelsen på Rantzausminde Efterskole.

Det kan du læse mere om på mitfyn.dk, hvor en lang række kilder uafhængigt af hinanden fortæller den samme historie om ledelsen, som har været på efterskolen i 16 år.

De to bliver kaldt manipulerende og mobbende af tidligere ansatte og tillidsfolk. Samtidig klagede en gruppe forældre også over det kaotiske undervisningsforløb, deres børn havde på efterskolen i fjor, hvor 12 af 15 ansatte blev fyret eller sygemeldt i løbet af skoleåret. Der er ekstraordinær generalforsamling, i morgen, lørdag, og mens skolens formand, Ole Mandix, afviser, at der ligger dramatik bag, så tyder meget på, at virkeligheden er en anden.

For Fyns Amts Avis er kommet i besiddelse af en mail, som Ole Mandix sendte til et tidligere bestyrelsesmedlem tirsdag i denne uge.

En mail, der er et hårdt angreb på ledelsen på skolen. Manipuleret ud på sidespor Under overskriften "vi gjorde, hvad vi kunne", hedder det blandt andet: "Vi blev manipuleret ud på et sidespor af ledelsen og havde ikke andet valg end at træde ud af bestyrelsen".

Dermed er et nyt kapitel i den efterhånden turbulente nyere historie om Rantzausminde Efterskole i de tidligere SID skolebygninger på Skårupøre Strandvej i Svendborg undervejs, og det starter egentlig i efteråret 2013.

Her vælger skolens næstformand, Erik Ari Wolter Rosenberg, at trække sig fra bestyrelsen.- Jeg vil ikke sige noget offentligt om hvorfor, for jeg har ikke lyst til at blive blandet ind i en polemik. Men jeg tog konsekvensen af nogle ting og trådte ud, siger den nu tidligere næstfor-

Af Gitte Gedde - Fyns Amts Avis

mand. Dermed var bestyrelsen nede på tre medlemmer, hvilket er for lidt. Men da en ordinær generalforsamling var berammet til den 29. marts i år, gav Undervisningsministeriet grønt lys til at køre videre frem til generalforsamlingen.

Formand mod forstanderpar

Men blot tre uger før den ordinære generalforsamling forlod også Anni Skov Olsen bestyrelsen. Et noget drastisk skridt, skulle man mene, men det afviser Torben Andersen, som sammen med Ole Mandix udgør resterne af bestyrelsen.

- Der er ingen dramatik. Arbejdet fyldte for meget i hendes liv, men hun er jo heller ikke den yngste, siger Torben Andersen. Der er dog lidt mere i det, afslører Anni Skov Olsen. Hun fortæller, at hendes pludselige farvel blandt andet skyldes, at formanden ofte har rettet verbale angreb mod forstanderparret under bestyrelsesmøderne.

- Han beskyldte dem for alt muligt. Stort og småt, siger Anni Skov Olsen, som ikke vil uddybe, hvad anklagerne gik på. Mistet fokus. Men hun oplyser, at hun ikke er enig i dem, og så fortæller hun, at bestyrelsen efter hendes mening havde mistet fokus.

- Når vi mødtes, kom vi til at sidde og snakke om små ting, der overhovedet ikke har med bestyrelsesarbejde at gøre. At der rodede på skolen, hvilke billeder der skulle hænge på væggene, den slags. Det handlede for meget om detaljer og ikke om store linjer. Intet var for småt, og til sidst kunne jeg ikke rumme det længere, siger Anni Skov Olsen, som altså tog konsekvensen og gik for tre uger siden.

Tæt på fyring i 2009

Så en enig bestyrelse var der ikke tale om, og der er i det hele taget ikke meget fred og fordragelighed over de senere år på Rantzausminde Efterskole.

I 2009 ville daværende bestyrelsesformand Karen Merete Larsen således have ledelsen fyret, og det førte til en magtkamp i bestyrelsen.

Taber var Karen Merete Larsen, som i øvrigt er datter af skolens stiftere, og vinder og ny formand var Ole Mandix, som dengang var utvetydig i sin opbakning til ledelsen.

Af Gitte Gedde - Fyns Amts Avis

Lærer fyret og elever rejser

Men nu synes vindene altså at være vendt, og så erfarer Fyns Amts Avis i øvrigt, at det ikke kun er i bestyrelsen, der er problemer. En lærer blev fyret for nylig, men afviser at kommentere sin afskedigelse med den begrundelse, at der kører en faglig sag.

I søndags pakkede en pige, som var elev på skolen, sine sager og tog hjem, og onsdag mistede skolen endnu en elev. Denne gang var det den 17-årige Andreas, der valgte at forlade den omstridte efterskole. Ledelsen bekræfter, at de to elever er rejst, og at læreren er fyret, men vil ikke knytte kommentarer på.

Rantzausminde Efterskole har 108 elever, oplyser ledelsen.

***

Kommentar: af Ole Mandix

Det som bestyrelsen havde håbet på, kom ikke til at ske på den nye skole. Balladen fortsatte. Desværre fik vi en skolestart hvor alle lærerne havde forladt skolen i protest mod ledelsen. Vi skulle med andre ord starte op med helt nye lærere.

Lærere som ikke var bekendt med skolens fundament, historie og pædagogik.
Det skal ikke være nogen hemmelighed at der i bestyrelsen efterhånden var et flertal for at kvitte os med ledelsen.

Dette kunne nu lade sig gøre, da det i følge vedtægterne ene og alene var bestyrelsen, som kunne afskedige ledelsen. (En praksis som senere blev ført ud i livet).

Undervisningsministeriet forlangte herefter at der skulle blev indkaldes til Ekstra ordinær Generalforsamling.
(Ole Mandix og Torben Andersen ønskede ikke genvalg - nu måtte der nye kræfter til).

UDEN DAGLIG LEDELSE

Af Gitte Gedde - Fyns Amts Avis

Bestyrelsen for Rantzausminde Efterskole er på jagt efter en vikar for forstanderen der er sygemeldt ovenpå ugens fyringer.

Der ledes i hele landet efter en der kan tiltræde hurtigt på grund af eksamenstiden.

Rantzausminde Efterskole er helt uden daglig ledelse.

Rantzausminde er reelt uden daglig ledelse. Efter at viceforstanderen onsdag blev fyret. Forstanderen fik den tvivlsomme fornøjelse at afskedige viceforstanderen, og kort efter sygemeldt, og det får nu bestyrelsen til at handle hurtigt. Der ledes efter en vikar, der hurtigt kan tiltræde som konstitueret for forstander, indtil forstanderen er tilbage på posten.

Bestyrelsesformand Lennart Simonsen bekræfter, at der ligger en sygemelding fra forstanderen og oplyser, at man vil konstituere en anden i jobbet hurtigst muligt.

Bliver det en af skolens ansatte?

Nej, vi vil tage det hensyn til de ansatte, der har travlt nok i forvejen, at finde en kompetent person de kan spille bold op af.

- Kan I ikke vente på at forstanderen bliver rask?

Nej, vi kan ikke vente på at forstanderen kommer tilbage, for eksamenstiden starter nu. Vi har brug for et rutineret menneske, der kan lede og aflaste personalegruppen, sådan at der en klar kompetence fordeling. Det er nu og her, siger han og fortæller, at der kigges rundt i landet efter et egnet emne, der kan springe til med det samme.

Stærkt personale

Bestyrelsesformanden roser i samme omgang personalegruppenfor at være "enorm ansvarsfuld". På et møde i går med personalet blev bestyrelsen bekræftet i, at der er god vilje til at få hverdagen til at fungere.

På grund af sygemeldingen er det os som bestyrelse der formelt har er den daglige ledelse lige nu. Men det bliver mest i forhold til at sige "ja" eller "nej" til de henvendelser, der kommer fra personalet, siger Lennart Simonsen.

Det kan være ting som nye elever på rundvisning, gammel elevdag og den slags, hvor de er konstruktive og løfter med enorm styrke, så jeg er sikker på, at det kommer til at gå fint, indtil en ny leder konstitueres.

Hvornår forventer du at have navnet på en ny forstander?

Meget snart det er nu, der er brug for det. I forbindelse med fyringsrunden i onsdags blev også køkkenlederen (ledelsens søn) og en pedel også fyret. En skolesekretær blev desuden beskåret med 10 timer ugentligt . Alt i alt er der beregnet en besparelse 1,2-1,4 millioner kroner fra 2015.

Bestyrelsen, der er nyvalgt i mandags, beregner nedskæringerne som en del af en redningsplan for skolen, der står i en svær økonomisk situation efter i flere år med underskud og køb af nye bygninger i fjor.

Afskedigelsen af viceforstanderen er ikke begrundet i samarbejdsproblemer, har Lennart Simonsen flere gange betonet.

BESTYRELSEN HAR FYRET LEDELSEN

Af Gitte Gedde - Fyns Amts Avis

Rantzausminde Efterskole har fyret forstanderen begrundet i flere forhold af økonomisk, ledelsesmæssig og samarbejdsmæssig karakter.

Bestyrelsen for Rantzausminde Efterskole har fyret den sygemeldte forstander.

Fyringen begrundes med samarbejdsvanskeligheder, ledelsessvigt og en række uhensigtsmæssigheder af økonomisk og ledelsesmæssig karakter.

Dermed er hele ledelsen, som det sidste års tid har været voldsomt kritiseret for sin ledelsesstil, fortid på skolen.

Bestyrelsesformand Ole Mandix Rantzausminde Efterskole forlod posten i februar, viceforstanderen blev fyret, som den første, i en, fyringsrunde, samt deres søn, en tredje person og en sekretær fik nedsat i tid.

En datters kontrakt bliver ikke forlænget, og den fyrede søn har valgt ikke at tage mod et alternativt jobtilbud på skolen.

Det koster nogle penge, men det er der taget højde for i vores nye budget. Til gengæld skal 2015 og 2016 gerne give overskud.

Bestyrelsen tror ikke, at forstanderen vil kunne løfte den opgave at komme tilbage.

Og der er ikke tillid til forstanderen.

Lennart Simonsen oplever, at der er fuld opbakning til bestyrelsens håndtering af personalesagerne fra medarbejderne på skolen.

- De har gjort et fantastisk stort arbejde, og de går nu på den vel nok mest velfortjente ferie, siger han, og glæder sig over, at alle har holdt ud, og ingen har sagt op, selv om det har været et turbulent skoleår.

De har sørget for, at eksamensperioden er forløbet godt. De er sprunget til, når der har været brug for det, og vi kan nu være glade for, at eleverne har gennemført med et rigtig fint gennemsnit, siger Lennart Simonsen.

Af Gitte Gedde - Fyns Amts Avis

- De her fyringer har været nødvendige, hvis vi skal have et ordentligt skoleår næste år. Det er helt klart, at det På Mitfyn.dk kan du læse om fyringerne og de begivenheder, der gik forud. Du kan også se en tidslinje, der giver et hurtigt overblik over den spektakulære efterskoles historie.

I mellemtiden skal stillingen, som forstander slås op i samarbejde med skolekredsen. Bestyrelsesformand Lennart Simonsen uddyber fyringsgrunden med flere ting, der gør, at han ikke ser en fremtid for ledelsen på skolen.

- For det første ligger der stadig fem tilsyns sager, der ikke er afsluttet. Det er forstanderen, der står for den pædagogiske ledelse, som der er sat spørgsmålstegn ved.

- Det er også forstanderen, der har et ansvar for et meget mangelfuldt budget.

Et budget, der viste et overskud for 2014 på 450.000 kroner, men efterfølgende har det vist sig at blive et underskud på halvanden million. Der er regnet to millioner kroner forkert.

Der er ting, der er åbenlyst forkerte, og udgifter, der er udeladt. Vi har fundet fakturaer, der burde have været med i 2013-budgettet, som vi nu må betale i 2014. Og så er der dukket en del mundtlige aftaler op, som ingen af os andre har været bekendt med. Der har desuden ikke været vilje til samarbejde, siger Lennart Simonsen.

- Ledelsen har oplyst, at de er bundet af en loyalitets aftale og kan derfor ikke kan udtale sig om sagen.

***

EKSTRAORDINÆR GENERALFORSAMLING

af Finn Eriksen Fyns Amts Avis.

En ekstraordinær generalforsamling på Rantzausminde Efterskole i aften vil vise hvor stor opbakning der er til den nye bestyrelsen.

Rantzausminde Efterskole står uden bestyrelse .

Der er derfor indkaldt til ekstraordinær generalforsamling i morgen, lørdag og mens skolens formand Ole Mandix afviser at der ligger dramatik bag, så tyder meget på at virkeligheden er en anden.

For Fyns Amts avis er kommet i besiddelse af en mail, som formanden sendte til et tidligere bestyrelsesmedlem tirsdag, tidligere i denne uge. En mail, som er et hårdt angreb på ledelsen.

Næstformand Erik Ari Wolter Rosenberg vælger at forlade bestyrelsen. Dermed var bestyrelsen nede på tre medlemmer, hvilket er for lidt, Men da en ordinær generalforsamling var berammet til den 29 marts i år gav Undervisningsministeriet grønt lys til at køre videre frem til den ordinære generalforsamling.

Formand mod ledelsen

Men blot tre uger før den ordinære generalforsamling forlod også Anni Skov Olsen bestyrelsen.

Et noget drastisk skridt skulle man mene. Men det afviser Torben Andersen sammen med Ole Mandix, udgør resterne af bestyrelsen.

Kommentar: Ole Mandix

Det var helt klart bestyrelsens opfattelse, at kunne ledelsen får det sidste medlem til at trække sig, var det en mulighed for at man kunne kvitte sig med en besværlig bestyrelse.

Tonen mellem bestyrelsen og ledelsen var efterhånden blevet noget anstrengt. For at få styr på økonomien havde bestyrelsen ansat en bogholder. Intentionerne var gode, men desværre blev denne forholdt oplysninger af ledelsen.

Knald eller fald for efterskolebestyrelse

■ En ekstraordinær generalforsamling på Rantzausminde Efterskole i aften vil vise, hvor stor opbakning der er til den nye bestyrelse.

Svendborg: Bestyrelsesformand Lennart Simonsen forventer stort fremmøde til den ekstraordinære generalforsamling i aften.

- Vi har fået mange tilkendegivelser fra folk, der har sagt, de kommer, men der er ingen forhåndstilmelding, så vi ved det først, når det hele starter, siger han.

Om han fortsætter som bestyrelsesmedlem, ved han til gengæld først, når det hele slutter. Alle i bestyrelsen er nemlig på valg, og formanden samt tre ud af de fire andre medlemmer bliver ikke siddende, hvis de kommer i mindretal.

- Der skal tre til et flertal, og hvis vi ikke får det, giver det ikke mening af blive siddende. Vi har jo lagt en linje

■ Formand for Rantzausminde Efterskole Lennart Simonsen går af, hvis han kommer i mindretal på generalforsamlingen. Arkivfoto: Lasse Hansen

for, hvordan vi synes, skolen kan komme på ret køl, og hvis den linje bliver underkendt i aften, kan vi ikke fortsætte, siger Lennart Simonsen.

Uro om fyringer
Bestyrelsen har siden den ordinære generalforsamling gennemført en række fyringer og lagt en økonomisk plan for skolen, der har kørt med underskud de seneste år.

- Vi har lagt et nyt budget, og det ser ikke kønt ud i forhold til det, vi blev præsenteret for fra skolens ledelse, da vi tiltrådte, siger han.

Han mener ikke, at en eventuel ny bestyrelse vil kunne undgå fyringer, hvis man tænker sig, at de nuværende afskedigelser rulles tilbage.

- Hvis det er det scenarie, vi skal forestille os, kan det juridisk set godt lade sig gøre. Men så skal de finde nogen andre at fyre i stedet, for ellers er der ikke balance i budgettet. Det ville ikke være ansvarligt.

- Men der var jo forud for sidste generalforsamling nogen, det talte om at nedlægge bogholderfunktionen i stedet for viceforstanderfunktionen, som var den løsning, vi valgte. Så skal man, hvis det i stedet, vurderer han.

Årsagen til den ekstra-

ordinære generalforsamling er uro over fyringen af viceforstander Bo Kristensen og to andre ansatte. Det medførte, at skolens forstander hustruen, Anette Clemmensen, blev sygemeldt, ligesom andre medlemmer af familien. Det fik bestyrelsen til at krakelere allerede få minutter efter generalforsamlingen, hvor nogle gik ud, og suppleanter kom ind.

Af Gitte Gedde
gige@faa.dk

Avisen bringer en omtale af generalforsamlingen, der slutter efter avisens deadline, på Mitfyn i aften. Læs mere på www.mitfyn.dk.

En ekstraordinær generalforsamling på Rantzausminde Efterskole i aften vil vise, hvor stor opbakning, der er til den nye bestyrelse.

Bestyrelsesformand Lennart Simonsen forventer stort fremmøde til den, ekstraordinære generalforsamling i aften.

- Vi har fået mange tilkendegivelser fra folk, der har sagt, de kommer, men der er ingen forhåndstilmelding, så vi ved det først, når det hele starter, siger han.

Om han fortsætter som bestyrelsesmedlem, ved han til gengæld først når det hele slutter, alle i bestyrelsen er nemlig på valg, og formanden samt tre ud af de fire andre bliver ikke siddende hvis de komme i mindretal.

Der skal tre til et flertal, og hvis vi får det, giver det mening. at blive siddende.

Vi har jo lagt en linje for, hvordan vi synes, skolen kan komme på ret køl, og hvis den linje bliver underkendt i aften,

KNALD eller FALD - fortsat

af Gitte Gedde Fyns Amts Avis.

kan vi ikke fortsætte, siger Lennart Simonsen.

Uro om fyringer

Bestyrelsen har siden den ordinære generalforsamling gennem-
ført en række fyringer og lagt en økonomisk plan for skolen,
der har kørt med underskud de seneste år.

- Vi har lagt et nyt budget, og det ser ikke kønt ud i forhold
til det, vi blev præsente ret for fra skolens ledelse, da vi tiltråd-
te, siger han. Han mener ikke, at en eventuel ny bestyrelse vil
kunne undgå fyringer, hvis man tænker sig, at de nuværende
afskedigelser rulles tilbage.

- Hvis det er det scenarie, vi skal forestille os, kan det juri-
disk set godt lade sig gøre. Men så skal de finde nogen andre at
fyre i stedet, for ellers er der ikke balance i budgettet. Det ville
ikke være ansvarligt.

- Men der var jo forud for sidste generalforsamling nogen,
det talte om at nedlægge bogholderi funktionen i stedet for en
fra ledelsen, som var den løsning, bestyrelsen valgte. Så det er
formentlig det, der vil ske i stedet, vurderer han.

Årsagen til den ekstraordinære generalforsamling er uro
over fyringen af halvdelen af ledelsen og to andre ansatte.(Køk-
kenchefen og en Pedel) Det medførte, at skolens forstander,
blev sygemeldt, ligesom andre medlemmer af familien. (En læ-
rer som var datter af ledelsen). Det fik bestyrelsen til at krake-
lere allerede få minutter efter generalforsamlingen, hvor nogle
gik ud, og suppleanter kom ind.

***

Bestyrelsesformand Lennart Simonsen glæder sig over skolekredsens opbakning. Han håber, den vil give arbejdsro til opgaven med at skaffe de sidste vigtige elever til det kommende skoleår.

Hvordan synes du, den ekstraordinære generalforsamling gik?

Jeg må sige, at jeg er meget tilfreds med den opbakning, vi fik. Var den større, end du havde forventet?

Jeg ved faktisk ikke rigtigt, hvad jeg havde forventet, men det var den vel nok. Jeg synes, at Lisbeth (Frederiksen, red.) var meget nedtonet i forhold til det, hun satte i gang. Så jeg synes, det var en god oplevelse, og det giver da noget ro på, i forhold til, hvis det nu havde været en fifty-fifty-afgørelse ved valget. Nu forventer jeg, at vi kan få noget arbejdsro i et år, og det er jeg meget tilfreds med.

Hvad er så planen nu?

Nu skal vi se, om vi kan få nogle flere elever ind. Det er det mest vigtige nu. Det er det helt store spørgsmål på alle skoler, for det er det eneste, vi ikke kan påvirke direkte. Vi kan lave nogle tiltag og nogle hjemmesider og forskelligt, men vi har ingen garanti for, hvor mange, der faktisk kommer ind ad døren, når skoleåret starter.

Alle andre knapper kan vi skrue på, for eksempel omkostningerne, men elevtallet kan vi ikke skrue på. Så, vi skal i gang med at finde nogle flere elever til næste skoleår.

Hvor mange skal I have i forhold til jeres budget?

Vi skal have 120, men vi har i øjeblikket kun 94, så der mangler 26.

Regner du med, at det kan lade sig gøre?

Jeg håber det.

Har I nogle stående på en liste?

Nej, men vi har en rundvisningsdag, hvor der er nogle, der er tilmeldt. Men vi er lidt fortrøstningsfulde, fordi der sidste år kom en del på det her tidspunkt og i sommerferien og faktisk også efter skolestart - typisk piger, der var gået på gymnasiet efter 9. klasse og så fandt ud af, at det skulle det nok ikke være alligevel.

Din forgænger som bestyrelsesformand, Ole Mandix, sagde, at budgetterne hidtil havde været baseret på, at der næste skoleår skulle være 140 elever. Har I på noget tidspunkt forestillet jer, at det kunne lade sig gøre?

Nej ikke i skoleåret 14/15, men når vi nu har fået det på plads og en basisdrift i gang, så skal vi meget hurtigt til at drøfte, hvordan vi i 15/16 når op på 140 - og måske endda 150. Det kan vi jo kun ved at lave et feltfag mere - medmindre der kommer andre gode ideer, Men det skal vi drøfte med skolekredsen.

Hvilket feltfag, kunne det være?

Altså nu sagde jeg jo "adventure" på generalforsamlingen, men det er bare et eksempel. Vi skal finde et feltfag mere, der kan lægge sig op ad den pædagogik og det værdigrundlag, vi har.

Du sagde også på generalforsamlingen, at regnskabet for 2013 viste sig ikke at holde, fordi der efterfølgende er dukket udgifter op for omkring 300.000 kroner. Forventer du, at der vil komme flere af den slags ekstra udgifter?

Nej, det tror jeg egentlig ikke. Nu er vi så langt henne i året, at der næsten ikke kan komme nogen, som vi skylder noget. Så nej.

I blev på generalforsamlingen af et medlem kritiseret for at have været for hurtige og for brutale i fyringen af viceforstanderen.

Hvad er din kommentar til det?

Vi står ved vores beslutninger, og jeg synes, vi forklarede, hvorfor vi havde gjort det sådan.

Der er ikke råd til at trække en fratrædelse længere ud.

Din forgænger Ole Mandix udtalte skarp kritik af ledelsen.

Hvad er din kommentar til det?

Det har jeg ingen kommentarer til.

Bestyrelse fik fuld opbakning fra skolekredsen.

Den nye bestyrelse på Rantzausminde Efterskole fik fuld opbakning fra den ekstraordinære generalforsamling, da den satte sine mandater på spil

Den få uger gamle bestyrelse på Rantzausminde Efterskole fik på en ekstraordinær generalforsamling mandag aften fuld opbakning til den linje, der er lagt for at få økonomien på ret køl igen efter år med underskud.

Initiativtageren til generalforsamlingen, bestyrelsesmedlem Lisbeth Frederiksen, valgte efter en lang debat om fyringen af skolens viceforstander for en måneds tid siden at trække sig. Derefter blev der dannet en bestyrelse, der som udgangspunkt er enig med hinanden i den videre strategi.

Forud for bestyrelsesvalget var der diskuteret det rimelige i, at viceforstander Bo Kristensen var blevet fyret få timer efter den sidste generalforsamling i april.

Viceforstanderen var ikke selv til stede i aftes, men hans svigerdatter talte hans sag og mente, at det havde været mere klædeligt og rimeligt, hvis fyringen var sket i en glidende over-gang, og at både han og forstanderen, burde have haft påskøn-nelse for deres arbejde for skolen gennem 18-19 år.

Der var dog ikke nogen hørlig opbakning til hendes syns-punkter, men bestyrelsesformand Lennart Simonsen gentog, hvad han havde sagt i sin beretning, at fyringen var den bedste udvej for at sænke lønudgifterne.

Ved valget til bestyrelsen blev der sået tvivl om flere perso-ners valgbarhed, men det blev af aftenenes ordstyrer advokat Jakob Thrane afvist, og valget blev gennemført.

Ny i bestyrelsen blev Katrine Lynøe, der var en af de lærere, der sidste år flygtede fra jobbet, og Pernille Færing, der ople-vede at blive bortvist under samme konflikt.

Derudover blev Emil Rasmussen valgt ind. De to sidst nævnte som suppleanter.

Så er der sat punktum

Tillidsmand for forrige skoleårs lærere var at finde på bageste række sammen med flere af de gamle kolleger fra det skoleår, hvor alle endte med at sige farvel til skolen efter en kamp med ledelsen.

Blandt andet følte de sig svigtet af bestyrelsesformand Ole Mandix, der nu har givet dem en offentlig undskyldning for den behandling, de blev udsat for.

Tillidsmanden var glad for undskyldningen.

- Det var klare ord, og det var på sin plads, siger hun.

- Jeg er rigtig glad for det, han har sagt, for der er nogle, der har haft det rigtig hårdt efter deres fratrædelse. Vi har fået nogle ar, men nu er der sat punktum, og jeg ønsker skolen en lys fremtid.

Tillidsmanden glæder sig også over, at kollegaen Katrine Lynøe kom i bestyrelsen.

- Så kan de ansatte på skolen være sikker på, at der er en, der vil sørge for et godt arbejdsmiljø, siger hun.

Bortvisning var grundløs

Sagen om bortvisning af den tidligere skolesekretær som sidste te år blev bortvist er forliget ved retten.

Har nu fået rettens ord for, at fyringen var uberettiget. Der er efter en retsmægling fundet en mindelig løsning med skolen, der har forliget sagen, og i den forbindelse er det anerkendt, at bortvisningen var uberettiget.

Parterne har i øvrigt aftalt, at man ikke udtaler sig yderligere om forligets indhold, men det fremgik på generalforsamlingen mandag aften, at løsningen har medført en udgift for skolen, hvilket antyder, at der er betalt løn til sekretæren.

Sit job får hun dog ikke tilbage, og hun er derfor jobsøgende.

I en pressemeddelelse udtaler både hun og bestyrelsesformand Lennart Simonsen, at de er tilfredse med forliget og med, at sagen er afsluttet.

Skolesekretæren blev i øvrigt valgt som suppleant til bestyrelsen.

Bortvisningen skete i forbindelse med personalets konflikt med ledelsen sidste skoleår.

Tidligere formand sagde undskyld

Tidl. bestyrelsesformand for Rantzausminde Efterskole Ole Mandix gav tidligere ansatte på skolen en uforbeholden undskyldning for at tage ledelsens parti i det kaos, der sidste år førte til 11 fratrædelser

Meget overraskende blev det den tidligere bestyrelsesformand for Rantzausminde Efterskole Ole Mandix, der fik en hovedrolle på den ekstraordinære generalforsamling mandag aften.

Da formands beretningen var til debat, tog Ole Mandix som den første ordet - og gav en lang og detaljeret undskyldning for sin rolle i sidste skoleårs konflikt med personalet, der endte med, at 11 ud af 15 blev fyret, bortvist eller selv sagde op.

Ole Mandix stod i hele den periode last og brast med ledelsen, indtil han i februar i år selv sagde fra og trådte ud af bestyrelsen.

- Undskyld til de medarbejdere, der gik under og kvittede jobbet. Det var et uskønt forløb, og det har kostet meget, sagde han henvendt til nogle af de tidligere lærere, der havde placeret sig på bageste række.

- Jeg var så naiv at tro, at vi kunne forlige denne konflikt mellem personalet og ledelsen, men nej - vi fik at vide, at det var ledelsen og ikke bestyrelsen, der skulle tage sig af den sag. Og vi i bestyrelsen valgte at bakke ledelsen op, sagde Ole Mandix.

183

NY VIKAR FOR LEDELSEN

af Gitte Gedde Fyns Amts Avis.

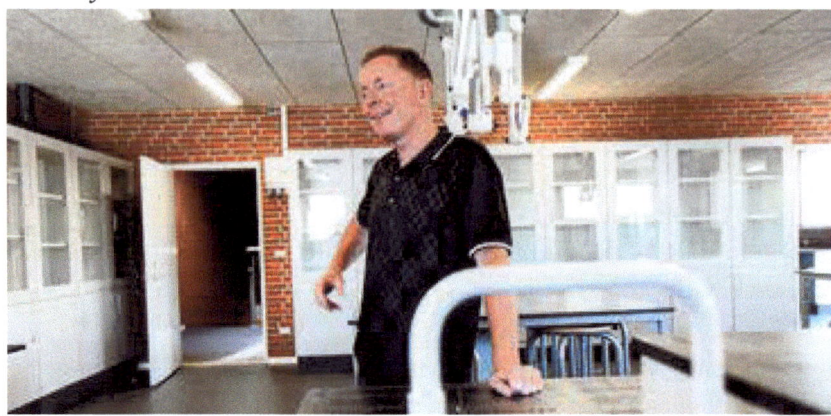

Jan Petersen Fredsted

Bestyrelsen for Rantzausminde Efterskole præsenterede mandag aften vikaren for den sygemeldte forstander.

Den ny forstander er Jan Pedersen Fredsted, og han kommer fra Jylland, hvor han har været forstander Balle Musik- & Idrætsefterskole i 11 år.

Et job han blev fritstillet fra i oktober sidste år.

Fritstillingen afskrækker ikke bestyrelsen på Rantzausminde Efterskole, for de tror ikke på beskyldningerne, som de mener ikke bygger på noget personligt og ikke noget fagligt.

Bestyrelsesformand Lennart Simonsen er ikke i tvivl om, at det er den bedste ansøger, der er ansat.

Vi tror på manden.

Vi mener, at han er den bedste af de ansøgere, vi havde til vikariatet. Han har så meget erfaring, at han kan træde til og hjælpe os nu og her på kvalificeret vis, siger Lennart Simonsen

Bemærkninger af: Ole Mandix

Ingen fremtid, uden en fortid!
Hvis man ikke kender fortiden, forstår man ikke nutiden,
- og så egner man sig heller ikke til at forme fremtiden.

RANTZ FINDES IKKE MERE

af Gitte Gedde - Fyns Amts Avis

Der er ikke meget tilbage af den legendariske Rantzausminde Efterskole efter skift af både navn og profil.

Der er dog stadig demokrati, siger forstanderen.

Svendborg: Der er stadig demokrati, og der er stadig en medielinje, men ellers er der ikke meget tilbage fra den legendariske Rantzausminde Efterskole, der nu er omdøbt til Svendborg Medie- og Sports Efterskole.

En flere år lang krise, hvor økonomien har været faretruende, elev optaget vanskeligt på grund af interne magtkampe og en meget dyr flytning, er nu vendt.

Forstander fortæller, at der nu er tale om en helt ny skole.

- "Rantz" findes ikke mere, men vi har holdt fast i nogle af de gode ting, som for eksempel værdigrundlaget. Der er stadig elevdemokrati, men det er bare blevet rammesat, siger han:

- Før kunne alle indkalde til fællesmøde på alle tider af døgnet. Nu skal man lige have en snak med en lærer, inden man indkalder. For hvad er det lige, der er så vigtigt klokken tre om natten, hvor alle bør ligge og sove, at man ikke kan vente til morgenmødet næste dag?

Han understreger, at eleverne stadig har indflydelse, og at der stadig er lange debatter, som er med til at forme elevernes samfunds- bevidsthed.

Slut med skindemokrati

Forstanderen har tidligere oplevet, at eleverne kunne opfatte det som skindemokrati, når de stødte på en grænse for, hvad de kunne være med til at bestemme.

- Det var spild af tid, hvis de indkaldte til møde med et tema, hvor vi så måtte sige, at det for eksempel var noget, ministeriet bestemte.

Den ændrede praksis har medført nogle ærgrelser, og at 10-15 elever forlod skolen sidste skoleår. - Det var alt for mange og rigtig ærgerligt. Men de troede, at alt var ved det gamle. Vi syntes ellers, at vi havde afstemt forventningerne på forhånd, siger forstanderen.

Den del er lykkedes meget bedre i indeværende skoleår.

- De unge, der er på det nuværende hold, er helt klar på, at det er en ny skole og accepterer den medindflydelse og det værdisæt, vi har nu.

TIDLIGERE FORMAND SAGDE UNDSKYLD

af Ole Mandix

Bestyrelsesformand for Rantzausminde Efterskole Ole Mandix gav tidligere ansatte på skolen en uforbeholden undskyldning for at tage ledelsens parti i det kaos, der sidste år førte til 11 fratrædelser

Meget overraskende blev det den tidligere bestyrelsesformand for Rantzausminde Efterskole Ole Mandix, der fik en hovedrolle på den ekstraordinære generalforsamling mandag aften.

Da formands beretningen var til debat, tog Ole Mandix som den første ordet - og gav en lang og detaljeret undskyldning for sin rolle i sidste skoleårs konflikt med personalet, der endte med, at 11 ud af 15 blev fyret, bortvist eller selv sagde op.

Ole Mandix stod i hele den periode last og brast med ledelsen, indtil han i februar i år selv sagde fra og trådte ud af bestyrelsen.

- Undskyld til de medarbejdere, der gik under og kvittede jobbet. Det var et uskønt forløb, og det har kostet meget, sagde han henvendt til nogle af de tidligere lærere, der havde placeret sig på bageste række.

- Jeg var så naiv at tro, at vi kunne forlige denne konflikt mellem personalet og ledelsen, men nej - vi fik at vide, at det var ledelsen og ikke bestyrelsen, der skulle tage sig af den sag. Og vi i bestyrelsen valgte at bakke ledelsen op, sagde Ole Mandix.

Forkerte tal

Forinden havde han fortalt en historie om en bestyrelse, der havde svært ved at gennemskue ledelsens dispositioner.

- I 2012 fik vi et temmelig stort underskud, og vi kunne se, at der manglede styring.

Der manglede en ledelse, der var kompetent, tilstedeværen-

186

af Ole Mandix

de og havde overblik. Ledelsen tog godt nok ansvaret for det dårlige regnskab, men det fik ingen konsekvenser, fortalte han. Mens Ole Mandix fortrød, at han tog ledelsens parti i sidste år store konflikt, så fortryder han ikke købet af de 60 millioner kroner dyre SiD bygning i Gl, Hestehauge.

- Det har jeg ikke fortrudt et sekund, men bestyrelsens beslutningsgrundlag viste sig ikke at være korrekt. Vi fik ikke alle informationer, og vi troede på ledelsens tal, der var baseret på 120-130 elever i det nuværende skoleår og 140 i det kommende. Alle beregninger er tilrettelagt efter disse tal plus, at friskolen skulle have 40 elever med 20 i sfo.

Prikken over i'et

- Vi bad ledelsen indstille investeringer og gennemføre besparelser, men fik kun sure svar. Vi ansatte en bogholder til at få styr på økonomien, men der blev også tilbageholdt oplysninger for ham, fortalte Ole Mandix til generalforsamlingen og sagde, at prikken over i'et var et bestyrelsesmøde, hvor ledelsen slet ikke mødte op.

- Så kunne jeg ikke tage ansvaret mere, og jeg valgte at træde ud, sagde han.

- Derefter væltede ligene ud af skabene.

- Mobning, nepotisme, fortielser og meget andet. Men vi skal nu vende os mod gode tider, og jeg henstiller til skolekredsen at give den nuværende bestyrelse mandat til at gennemføre den rekonstruktion, som er påbegyndt, så der kan tegne sig en fremtid for Rantzausminde Efterskole - det har den fortjent, sluttede han, hvorefter der blev klappet - også af de tidligere lærere, hvoraf nogle sad med tårer i øjnene.

MOD BEDRE TIDER

af Gitte Gedde Fyns Amts Avis.

Dansepigerne i den nye Multihal!!

Pigerne fra danselinjen har fået en ny sal at danse i. Den er indrettet i den tidligere konferencesal, som ellers var tiltænkt udlejning. Det lykkedes bare aldrig at få en forretning ud af at den.

Svendborg Efterskole har ikke længere kurs mod konkurs. Ny ledelse, ny profil og et nyt navn har fået elevtallet til at stige.

En dejlig solbeskinnet søndag eftermiddag sidst i september vrimlede det med forældre og børn på efterskolen i Gl. Hestehauge - skolen med det nye navn Svendborg Medie- og Sports Efterskole - som indtil for ganske nylig hed Rantzausminde Efterskole.

210 familier var på besøg for at få et indtryk af skolen som et muligt sted for børnene at tage 9. klasse.

Da dagen var slut, havde omkring 50 meldt sig til at starte

af Gitte Gedde Fyns Amts Avis.

næste sommer, og det er forstanderen meget tilfreds med:

- Der kom tre gange så mange i år som sidste år, og vi havde en fantastisk dag, siger han og fortæller, at de nye elever har fordelt sig nogenlunde ligeligt på de to studie retninger, medie og sport.

- Og siden er der flere, der har kontaktet os, og vi forventer også stort rykind, når vi har åben hus senere på måneden, siger han optimistisk.

Også den nuværende elevgruppe vokser.

- Vi startede med 106 i august, men der kom stadig tilmeldinger, og nu er vi oppe på 112. Vi havde i de første to måneder fem italienere, der lærte dansk, engelsk og basket hos os og spillede hos Rabbits. Lige nu har vi to basket drenge, der er inde omkring landsholdet, boende på skolen, samtidig med de går på gymnasiet plus fire argentinere, der skal bo på skolen hele året. Vi kan rigtig godt lide tanken om et sportscollege og meget gerne med et internationalt samarbejde, siger han.

Nu med sportssal

Svendborg Medie- og Sports Efterskole har 15.000 kvadratmeter under tag - og det er ikke svært at miste orienteringen i de lange murstensgange, når man skal finde frem til den nye sportssal.

Lyden af rytmisk musik leder dog på vej til det, der før var skolens konferencesal, og pigerne fra den nye danselinje øver sig på cheerleader.

Salen er helt ny og indtil videre den eneste sportsfacilitet, den nye sportsefterskole har på egen matrikel.

Forstanderen lægger heller ikke skjul på, at det har været en udfordring med fire sportslinjer ikke at have en hal.

- Men vores samarbejde med eksterne sportsklubber er en kæmpe gevinst, siger han med henvisning til Svendborg Rabbits og Svendborg Admirals.

Nu har skolen dog fået en lækker sal, hvor der både kan danses

af Gitte Gedde Fyns Amts Avis.

og spilles bold, og snart er også et motionscenter klar.

Forstanderen, der blev ansat i 2014 til sammen med en ny bestyrelse at redde Rantzausminde Efterskole, der havde kurs mod økonomisk undergang, kan nu se lys forude.

-Vi har fået vendt tingene, siger han, og der er især tale om, at der er ryddet op i økonomien og indgået en huslejeaftale, som er til at leve med.

Skolens nye navn og profil er skåret til både fagligt og pædagogisk, og den positive respons fra eleverne på især det seneste skoleår har også været vigtig for den stigende interesse fra elevside.

- Vi har nu vist, at vi kan lave efterskole, og vi ved, at selvom 80 procent af eleverne vælger skole på anbefaling fra andre elever, så er vi som ny efterskole allerede eftertragtet, siger forstanderen.

Han har også bidt mærke i, at den usædvanlige kombination af medie og sport er god.

- Det betyder, at det er vidt forskellige typer af elever, vi har på de to forløb. Men de smitter hinanden, og det at de kan hygge sig med at spille bold om aftenen, gør både, at de lærer hinanden at kende, og at de får brugt deres krudt og sover godt om natten.

Forstanderen, hans kolleger og bestyrelse kan dog ikke bare slappe af efter to et halvt års anstrengelser og nøjes med at glæde sig over, at det går fremad.

- Der er stadig udfordringer på den lange bane, siger han. Den tidligere kursusejendom er nemlig gældsat for 60 millioner kroner, og ledelsen arbejder kontinuerligt på at stabilisere driften

***

Svendborg Avis
Langelands Avis
Faaborg Avis
Ærø Avis

150 års aftryk på Sydfyn

00034

5709170 999118

Vejret på Sydfyn i dag

Skyet med byger, men senere mulighed for sol. Temp. mellem 18 og 20 grader og let til frisk fra vest.

OB smed sejr væk

2. SEKTION
SIDE 16-19

Ny klub for de unge

1. SEKTION
SIDE 4-5

MANDAG **19. august 2013**   151. årgang Nr. 199   Løssalg: 22,00 kr.

Fyns Amts Avis mener

99 Man savner fortsat at se turistbranchens helhjertede og engagerede indsats for de filmturister, som efter alt at dømme vil have en betydelig omsætning med sig i kufferterne.

Carsten Olsen, redaktionschef

1. SEKTION SIDE 2

99 Næsten fra dag nul blev jeg skuffet. Jeg er faktisk gennem tider blevet behandlet utroligt dårligt.

Medhat Khattab, om sin tid hos De Konservative, som han nu har forladt

1. SEKTION SIDE 7

99 Vi lever i en verden, hvor alt, hvad vi foretager os på nettet, potentielt kan og vil blive brugt imod os.

Vagn Remme, forfatter

MANDAGSTRÆNERNE
2 SEKTION FORSIDEN

Foto: Katrine Becher Damkjær

Klar til livet på efterskole

Felice Fougere og 119 andre elever rykkede i går ind på Rantzausminde Efterskole, som har fået nyt hjem ude på SiD-skolen.

1. SEKTION SIDE 6-7

191

SiD SKOLEN FRA FØR EFTERSKOLEN
af Ole Mandix

DEMOKRATI

Palle Svensson - Professor emiritus, dr.scient.pol

Ordet demokratia blev første gang anvendt af grækerne i slutningen af 500-tallet f.v.t. som betegnelse for en ny organisering af det politiske liv. På samme tid begyndte grækerne at omtale to værdier i deres politiske liv, som byggede på ligheds-princippet: alle mandlige borgeres ret til at tale i den styrende forsamling, isegoria, og lighed i politiske rettigheder, isonomia. Den militære baggrund for denne nyskabelse var det nye våben, galejen, store robåde med vædderstævn. Dette våben krævede et stort øvet og modigt mandskab, som var stærkt motiveret, fordi i åben kamp så overlevede kun hver anden båd-besætning deres første væddering.

Efterhånden som den forsamling, hvor folket mødtes for at drøfte offentlige spørgsmål, blev opfattet som den suveræne myndighed, synes demokrati at have vundet indpas som betegnelse for den nye styreform.

Athens demokrati blev indført af Kleisthenes i 507 f.v.t., idet magtens centrum blev flyttet fra valgte embedsmænd til folkeforsamlingen, folkedomstolen og et nydannet fem-hundredmandsråd. Samtidig blev der gennemført en opdeling af Attika i distrikter og kommuner og givet bestemmelser for deres deltagelse i statsorganerne.

Inden for de klassiske styreformer adskilte demokrati sig fra monarki og tyranni, som er karakteriseret ved, at én person styrer, og fra aristokrati og oligarki, hvor nogle få personer styrer.

Hvem folket, demos, omfatter, har givet anledning til megen strid og varieret fortolkning. Såvel i det klassiske Grækenland som i moderne tid har man udelukket nogle personer som ukvalificerede. Til alle tider og i alle samfund har man udelukket børn, men grænsedragningen mellem børn og voksne har været omstridt.

I det athenske demokrati udgjorde folket kun et mindretal af den voksne befolkning, idet ikke blot slaver og kvinder var udelukket, men også frie fremmede, dvs. fastboende uden athensk statsborgerskab, metoikerne. Det er først i 1900-tallet, at folket ud fra princippet om almindelig valgret er blevet defineret som stort set alle voksne statsborgere.

Hvad det vil sige, at folket styrer, har der også været forskellige opfattelser af. I det klassiske Grækenland og frem til slutningen af 1700-tallet var demokrati forbundet med folkets direkte deltagelse i den politiske beslutningsproces.

Demokratibegrebet var forbundet med bystaten, hvis begrænsede geografiske udstrækning og overskuelige indbyggertal gjorde det muligt at samle borgerne til drøftelse og afgørelse af offentlige anliggender.

Repræsentativt demokrati

Med fremvæksten af den moderne nationalstat blev denne styreform praktisk umulig, og demokratiseringen af store, folkerige nationalstater skete derfor gennem opbygningen af et repræsentativt demokrati, hvori folket vælger medlemmerne af et repræsentationsorgan med et eller flere kamre.

I et repræsentativt styre placeres den politiske autoritet eller myndighed, dvs. retten til at træffe bindende politiske beslutninger, helt eller delvis i en valgt forsamling. Oprindelig var udpegningen af politiske myndighedspersoner gennem valg et aristokratisk princip. Ved valg skulle de mest kvalificerede til myndighedsposterne udpeges. Det demokratiske princip for udpegning af personer til myndighedsposterne var derimod lodtrækning og rotation, idet alle borgere blev anset for at være tilstrækkelig kvalificerede.

Elementer af folkestyre i form af repræsentativt styre var sparsomme før 1800-tallet, og hvor de fandtes, blev de ikke betegnet med ordet demokrati. Heller ikke i Schweiz, hvor man længe kombinerede elementer af direkte og repræsentativt folkestyre, blev ordet anvendt til betegnelse af styreformen.

Baggrunden var, at ordet og begrebet demokrati i Platons og Aristoteles' ånd blev tillagt en negativ vurdering; det betegnede sammen med tyranni og oligarki en slet styreform over for de gode styreformer monarki, aristokrati og politeia. Demokrati blev opfattet som de manges styre i deres egen interesse, de fattiges herredømme over de rige uden hensyn til loven og helheden, kort sagt "pøbelvælde".

Indtil slutningen af 1700-tallet blev demokrati og repræsentation anset for uforenelige størrelser. Denne opfattelse finder udtryk i 1762 hos Jean-Jacques Rousseau i Du Contrat social og findes stadig så sent som i den schweiziske forfatning af 1848.

Med den amerikanske uafhængighed i 1776 samt den føderale forfatning af 1789 og med Den Franske Revolution samme år begyndte imidlertid en tilnærmelse mellem demokrati og repræsentativt styre, hvilket første gang fandt udtryk i Thomas Paines Rights of Man fra 1792. Foreningen af begreberne demokrati og repræsentation var imidlertid en langsom proces, som i første omgang fandt sted i USA og navnlig vandt frem efter 1828 med Andrew Jacksons demokratiske parti.

I Europa var det især de engelske utilitarister, der begyndte at kombinere demokrati og repræsentation, således James Mill i Essay on Government (1820); men det var frem for nogen Alexis de Tocqueville, der med bogen De la Démocratie en Amérique (1. del 1835, 2. del 1840) banede vej for en forening af begreberne.

Dette dannede fra midten af 1800-tallet baggrunden for udviklingen af den indtil da usete styreform: det repræsentative demokrati, hvor folket ikke direkte tager de politiske beslutninger eller kun undtagelsesvis i form af folkeafstemninger. Folkets hovedopgave bliver at vælge og kontrollere beslutningstagerne. Den militære baggrund for udviklingen det repræsentative demokrati var, at våbenproduktionen blev effektiviseret og våbnene derfor billiger og derved blev det muligt at stille med større hære. Samtidigt betød jernbanen og bedre veje. at man bedre kunne transportere forsyninger til de større hære.

Denne forening af demokrati og repræsentativt styre finder klart udtryk hos John Stuart Mill i Considerations on Representative Government (1861), hvori han dog betoner repræsentanternes uafhængighed af vælgerne og nødvendigheden af en langsom og forsigtig udvidelse af valgretten.

Udviklingen af det repræsentative demokrati indebærer ikke blot en forening af demokrati og repræsentativt styre og en reduktion af den folkelige deltagelse, men også muligheden for repræsentation af forskellige anskuelser og interesser i nationalstater, som gennemgående er mere heterogene end små bystater. Den nye styreform, som udviklede sig gennem 1800- og 1900-tallet, er også blevet kaldt polyarki, fordi den spreder magten mellem konkurrerende partier og organisationer.

Det danske demokrati
Det danske demokrati eller polyarki er karakteristisk ved, at det er et repræsentativt styre med grundlovssikrede, individuelle rettigheder, dvs. personlig frihed samt politiske friheder som ytrings-, forenings- og forsamlingsfrihed, lige og almindelig valgret, hemmelig

stemmeafgivning, forholdstalsvalg, etkammersystem og parlamentarisme. Denne styreform er indført gradvis og er resultat af såvel udenlandsk påvirkning som af debatter og kampe gennem generationer.

Det første brud med den enevældige styreform fandt sted i 1834, da der med De Rådgivende Provinsialstænder blev indført et første element af repræsentativt styre. Kampen for en fri forfatning blev ført af De Nationalliberale og Bondevennerne i 1830'erne og 1840'erne.

Junigrundloven af 1849 var et voldsomt skridt fremad, men betød langtfra overgangen til en demokratisk styreform. Den indeholdt en grundlovssikring af de individuelle rettigheder, en magtdeling mellem kongen og Rigsdagen samt en betydelig udvidelse af valgretten.

Afgørende for udviklingen af det danske demokrati blev i slutningen af 1800-tallet Venstres kamp mod Højre om folketingsparlamentarismen, dvs. anerkendelse af det princip, at regeringen skal sammensættes på en måde, der kan accepteres af Folketingets flertal. Regeringen hævdede derimod kongens ret til frit at vælge sine ministre. Det parlamentariske princip blev først anerkendt med Systemskiftet i 1901, og samtidig blev hemmelig stemmeafgivning indført.

Det næste store skridt i Danmark fandt sted 1915-1920, dels med gennemførelsen af lige og almindelig valgret for såvel mænd som kvinder, dels med overgangen til forholdstalsvalgmåden. Den seneste demokratisering fandt sted i 1953 med afskaffelse af Landstinget og indførelse af mulighed for folkeafstemning.

I 1960'erne og 1970'erne omfattede det antiautoritære oprør blandt ungdommen, studenteroprøret, også en kritik af det repræsentative demokrati. En vision om et samfund med et demokratisk, snarere end et hierarkisk forhold mellem myndighederne og borgerne førte til forslag om et deltagelsesdemokrati, på engelsk participatory democracy, hvor borgerne i højere grad og på flere områder skulle inddrages i udformningen af de beslutninger, der former rammerne for deres tilværelse.

Forslag om brugerrepræsentation i offentlige institutioner, om decentralisering, såkaldt nærdemokrati, og forslag om udvidet mulighed for folkeafstemning kan ses som udslag af denne holdning til det repræsentative demokrati.

Demokratiske idéer har fra den politiske styreform bredt sig til andre dele af samfundet. Med socialt demokrati sigtes der til en udvidelse af borgernes rettigheder fra det politiske til det sociale område, navnlig mht. retten til arbejde og social tryghed, uddannelse og sundhed, "velfærdsstaten". Disse krav blev især fremført af arbejderbevægelsen og Socialdemokratiet, men fandt i øvrigt i årene efter 2. Verdenskrig bred tilslutning i det danske samfund.

Med økonomisk demokrati sigtes der dels til en reform af ejendomsforholdene, således at der vil ske en spredning af ejendomsretten til produktionsmidlerne, dels til en reform af ledelsesstrukturen på arbejdspladserne, således at medarbejderne selv vil kunne bestemme eller få afgørende indflydelse på, hvordan produktionen skal tilrettelægges. Socialdemokratiets forslag om økonomisk demokrati, ØD, og overskudsdeling, OD, i 1970'erne og 1980'erne mødte kraftig modstand fra borgerlig side og blev ikke gennemført.

Forslag om industrielt demokrati, ID, har derimod vundet indpas lidt efter lidt gennem bestemmelser om samarbejdsudvalg, medarbejderrepræsentation i aktieselskabsbestyrelser, sikkerhedsrepræsentanter mv., men en gennemgribende reform af arbejdsgivernes ret til at lede og fordele arbejdet har der ikke været tale om.

Mens demokrati frem til slutningen af 1700-tallet var et kontroversielt begreb, har det i tiden derefter vundet almindelig anerkendelse i form af repræsentativt demokrati. Stort set alle hævder, at de går ind for demokrati. Højst forskelligartede styreformer rundt om i verden ønsker at betegne sig som demokratiske, og demokrati synes i dag at kaste en særlig legitimitet over det politiske liv. Ofte er der dog ganske stor modstrid mellem ord og handling og mellem teori og praksis.

En fortsat demokratisering synes derfor påkrævet og kan i nutiden navnlig tænkes på tre områder:

Demokratiet eller rettere polyarkiet i nationalstaterne kan for det første udbygges dels ved i højere grad at inddrage borgerne i den politiske beslutningsproces, fx gennem folkeinitiativ, folkebegæring, borgerforslag og hyppige folkeafstemninger, og dels ved at udvide demokratiet til det økonomiske område.

Demokratiet kan for det andet udbredes til flere nationalstater, navnlig i Asien, Afrika, Mellemøsten og Latinamerika, hvor der stadig findes autoritære styreformer.

For det tredje kan demokratiet udbygges på det overnationale niveau i mellemfolkelige organisationer, fx i EU, som løbende kritiseres for at have demokratisk underskud.

KENDTE ANSIGTER

- alle har de fået deres Demokratiske opdragelse på Rantzaus-
minde efterskole og ser tilbage på deres ophold med glæde.

JEG ENDTE PÅ RETTE HYLDE

af Cecilie Frøkjær

Cecilie Frøkjær kigger tilbage i tiden sammen med sine kendte gæster i "Deja-vu med Cecilie Frøkjær" på TV2 Charlie. Programmet er også et gensyn med den populære værts egen TV dagbog med masser af skønne minder.

Og et tilbageblik er netop på samtalemenuen sammen med kaffen denne eftermiddag, hvor BILLED BLADET møder Cecilie i hendes eget kvarter på Frederiksberg.

TV 2 værten fortæller, at hun holder af at genbesøge steder fra barndoms- og ungdomslivet, og det er lige fra den gamle skole til håndboldhallen i Slagelse, hvor hun har haft en tryg opvækst i parcelhuset med moderen, der var lærer, faderen der var gymnasielærer, og to mindre brødre.

Her dyrkede Cecilie håndbold, badminton og gik en kort overgang til spejder.

Håndbolden fyldte meget, fra jeg var otte til tolv år. Jeg har for nyfået et deja-vu med mine gamle medaljer, pokaler og præmier, som min far havde gemt på loftet - han er historiker og gemmer alt muligt. Jeg har taget en video af dem, også præmierne fra badminton, så jeg har et bevis, siger Cecilie og griner.

I 9. klasse tog jeg på efterskolen Rantzausminde lidt uden for Svendborg.

Drømte om København

I denne tredje sæson af "Deja-vu med Frøkjær" er Mikkel Beha Erichesen blandt gæsterne og ham mødte Cecilie på Efterskolen. Skolen har hun senere genbesøgt, men opdagede skuffet, at, den er flyttet og tilbage stod kun forfaldende bygninger og højt græs.

Det var et sørgeligt "deja-vu" for mit vedkommende. Det påvirkede mig, for jeg havde et af de mest spændende år i mit liv og efterskoleopholdet betød så meget for mig.

Cecilie er klar ved telefonen, billedet er fra 1964, da hun gik på efterskole.

202

af Cecilie Frøkjær

Jeg var især glad for skolen, fordi der var mange Københavnere, og dem var jeg så fascineret af, at jeg slet ikke kunne få luft. Jeg fik venner i København, og dem besøgte jeg i weekenderne og drømte om at flytte dertil efter 9. klasse. Men mine forældre mente, at jeg først skulle have min studentereksamen. Og det var jeg helt uenig i.

Sådan blev det nu, og 1. g var svær for Cecilie for hun savnede efterskole vennerne.

Uddrag fra artiklen er fra Billed Bladet 2. marts 2023

Skolen er nu helt forladt og forfalder lige så stille. Bevoksningen er nu ved og have overtaget. Taget af gymnastiksalen og drengeafdelingen skimtes på billedet

KØBENHAVNER RUSH

af Cecilie Frøkjær

Efter niende klasse kom jeg på efterskole. Direkte fra provinsen i flade, hvide netsko med en lille sløjfe ovenpå, gråhvide gulerods bukser og mintgrøn bluse med netdetalje ved skuldrene, som kunne rulles op og fastgøres med en trykknap. So eighties! Jeg trådte ind på den mest hippieagtige, socialistiske efterskole, der fandtes på det tidspunkt næst efter Tvind.

Rantzausminde i nærheden af Svendborg. Med elevdemokrati og fællesmøder. Andenårs eleverne gik i lange JBS underbukser, de selv havde farvet jadegrønne ovre i værkstedet, herreveste, store skjorter og Kansas-murerjakker. Og jeg ELSKEDE det! Der gik ca. 14 minutter, så var de der netsko sparket langt ind i skabet. De var ikke vejen frem det, kunne jeg godt se! Og efter få måneder lignede jeg alle de andre.

På Rantzausminde vrimlede det med københavnere. Jeg udviklede det vildeste københavnerrush. Alle, der kom fra København, var så seje. Jeg kunne næsten ikke få luft. Der var bare noget "swung" over dem. Alt hvad de sagde og gjorde... jeg lappede det i mig med åben mund.

Og når jeg besøgte de venner, jeg fik fra København, var jeg helt høj. Hvis jeg havde fået lov til at slå et telt op på Hovedbanen, havde jeg gjort det!

Som barn kom jeg til København én gang om året, når vi skulle i Tivoli. Så for mig var København Mekka! Los Angeles! Fyrværkeri og stjernenætter!

Jeg var fuldstændig på røven. Slagelse blegnede fuldstændig.

Efterskolen handlede også om at møde nogle meget forskellige børn. Nogle var sendt derned af kommunen, andre havde ingen forældre. Men mangfoldigheden var dybt fascinerende. Jeg boede på værelse med en cutter, (selvskader) lang tid inden det hed det, og så sad jeg der, lille mig fra Slagelse: "Uh, det bløder på din arm!

af Cecilie Frøkjær

Hvorfor har du skåret i dig selv?
Skal du ikke have plaster på...”?

Jeg skiftede også hele min pladesamling ud og fik to huller i det ene øre. Jeg gik fra Michael Jackson og hvad-ligger-øverst-på-Hej-P3-listen til Stan Getz og Mezzoforte og Joan Baez og Santana...

Jeg husker også, hvordan jeg selv syntes, at jeg simpelthen var så moden. Jeg kan næsten ikke sige det højt i dag, for det er jo så teen-ageagtigt, men da jeg stoppede på efterskolen som 16-årig, mente jeg i ramme alvor, at nu var mit følelsesliv så fuldt udviklet, at jeg ikke behøvede at udvikle mig mere.

Jeg havde følt alle følelser og prøvet alt. Jeg var nu så moden, at der ikke var mere at komme efter. Det var jo så sødt og så hjerne-dødt på samme tid!

For mig var den skole ”life changing”. Et kæmpe skridt ud af pro-vinsen, hvor jeg dog kom tilbage og tog studentereksamen, selvom jeg lagde ud med at tude mig igennem hele 1.g. af længsel.

Og hver weekend for jeg af sted for at besøge mine venner i Kø-benhavn. Men først i 1996, et par måneder inden jeg blev ansat på ”Go’ Morgen Danmark”, rykkede jeg for alvor til København.
Cecilie Frøkjær ser tilbage i tiden med sine gæster i ”Deja-vu med Frøkjær på TV 2 Charlie og TV 2 play. Her kigger hun selv tilbage på både dejlige og svære år i livet.

SVARET PÅ FORÆLDRENES BEKYMRING

af Mikkel Beha Erichsen (81-83)

Mikkel Beha Erichen

Efterskolen blev svaret på forældrenes bekymringer. Mikkel Beha blev 15 år på dagen, hvor han startede på Rantzausminde Efterskole nær Svendborg på det sydlige Fyn. 11. august 1981.

Århus drengen var i bund og grund en god dreng med en kærlig og frimodig kernefamilie i ryggen, men alligevel var det som om, han befandt sig i et dårligt selskab.

Jeg vidste godt, hvad der var rigtigt og forkert, men samtidig var jeg havnet i nogle vennemiljøer, som ikke kom fra samme kår som jeg, og som ikke havde samme kodeks for rigtigt og forkert. Når vi var ude at lege, legede vi "stjæle knallerter", hvor andre legede "spille fodbold" eller "klatre i træer". Jeg kan huske den dårlige samvittighed, men jeg havde ikke noget valg. Det var bare sådan vi gjorde,« fortæller Mikkel Beha Erichsen.

Da han gik i 8. klasse i en traditionel folkeskole i Aarhus med "kateder og 24 elever", gik det derfor op for både hans forældre og ham selv, at et efterskoleophold ville være en god ide.

Jeg kunne ikke sidde stille og kom op at diskutere med lærerne hele tiden. Jeg lavede alt muligt andet end at gå i skole og sad konstant til samtaler oppe på skolen. Jeg var jo ikke nogen ond dreng, men jeg var nok en blanding mellem ballademager og velargumenteret spørgsmåls stiller, « siger Mikkel Beha Erichsen.

Hans forældre kom fra højskoleverdenen. Stedfaren var af den gamle Vallekilde Højskole-familie og moren, stedfaren samt nogle af deres venner havde startet Den Røde Højskole i Svendborg, så for dem var det naturligt, at Mikkel skulle på højskole. Valget faldt på Rantzausminde Efterskole, fordi der her var fokus på elevdemokrati, medbestemmelse og medansvar.

af Mikkel Beha Erichsen (81-83)

Det passede rigtig godt til mig, da det var det, jeg havde siddet og råbt op om i 7.-8. klasse, men aldrig kommet igennem med,« siger Mikkel Beha Erichsen.

Den 11. august 1981 var, så vidt han husker, en søndag.

Jeg kan huske min første dag meget tydeligt. Man kommer jo med en milliard sommerfugle i maven, fordi man er 15 år gammel, man skal møde en hel masse nye venner, man er virkelig på og usikker på, hvad det er, man har rodet sig ud i. Man har spørgsmål som: Hvem skal jeg bo på værelse med? Hvordan ser de ud? Hvor kommer alle de andre fra? Er det nogle jeg kan finde ud af at snakke med? Er der nogle piger, der ser godt ud?« siger han.

"Hullet"

Han blev kørt til efterskolen af sine forældre, og da de var taget af sted, samledes alle de nye efterskole-elever i "Hullet", et slags amfiteater, som var tilpasset de omkring 70 elever.

"Hullet" med plads til 70 elever

Jeg kan huske, at der stod nogle af andet års eleverne og skulle introducere skolen. De skulle fortælle, hvordan rengøringsordningen fungerede, hvornår man spiste, og jeg syntes, de var så store. De var 16 år og kæmpe seje. Jeg tænkte bare: Så stor bliver jeg aldrig, så klog bliver jeg aldrig, sådan noget smart hår får jeg aldrig, og så mange søde venner får jeg aldrig.

En genfødsel

Mikkel Beha Erichsens to ældste sønner har også gået på efterskole, og hans yngste søn er af sted lige nu. De er alle sammen selv kommet og sagt, at de ville på efterskole. Uden at blinke, fortæller han. Gennem dem kan han genkalde, hvor meget efterskolen gør for børn i den alder.

De fortæller jo ikke så meget, men man kan se på dem, at de har det godt. De kommer hjem og stråler. De har røde kinder og nye venner. De vokser fra

af Mikkel Beha Erichsen (81-83)

uge til uge. Ikke bare fysisk, men også herinde,« siger han og peger på sit hoved. »Der er ikke nogen alder, hvor man udvikler sig så eksplosivt som fra 15 til 17 år. Den former virkelig en.«

Selv om det er mange år siden, er Mikkel Beha Erichsens bedste venner den dag i dag nogle, han gik på efterskole med. De ses ikke som "efterskole venner", men som "venner", og de er alle sammen blevet gift på kryds og tværs, så når de mødes til påskefrokoster, nytårsaften og fødselsdag er de en "kerne" på 25 stykker.

"Vi er meget forskellige. En er elektriker, en er pædagog, og en driver en restaurant. Men vi ved bare, at vi har hinanden", siger han.

Det samme kan man ikke sige om de venner, som Mikkel Beha Erichsen stjal knallerter med i folkeskolen. Dem har han ikke haft kontakt med siden.

Jeg kom aldrig tilbage til Aarhus. Jeg var jo hjemme og besøge min familie i Aarhus, men uden at gå ned ad det spor.

Det var fortid. Søndag d. 11. august skiftede mit liv fra at være ham, der godt kunne finde på at stjæle en knallert og pjække fra skole til at være en enorm engageret og demokratisk orienteret efterskole-elev. Det var over night.

At ens liv kan skifte over night er også en kvalitet, som Mikkel Beha Erichsen tillægger efterskolen. Her kan man få lov til at skifte ham uden nogen løftede øjenbryn.

Man kommer uden bagkatalog, uden forhistorie. Du kan komme ind og være lige den, du vil. Det er en kæmpe gave til mange unge, der måske i deres egen familie og i vennekredsen er blevet låst fast i et billede af, hvem de er.

Lige så snart du starter på efterskolen, er tavlen visket ren. Du kan lave et personlighedsskift, fordi der ikke er nogen, der forventer, at det altid er dig, der siger det sjove, eller at du er den, der er den stille.

Det er en slags genfødsel.

Skolens hjemmeside

Efterskoleliv

På Svendborg Efterskole møder du 170 unge med forskellige interesser, baggrunde og drømme – men med en fælles drøm om et topfedt år på efterskole!

Her danner I hurtigt stærke fællesskaber med holdånd, ansvarlighed og venskaber på tværs af de 8 linjer.

En håndfuld af vores elever tager både 9. og 10. klasse på SE, eller er søskende til tidligere elever, hvilket skaber en god stemning helt fra starten.

af Ole Mandix

VÆRDIGRUNDLAG

Svendborg Efterskole udspringer af en demokratisk tradition, hvorfor det demokratiske dannelsesprojekt afspejles i skolens ideer, principper og menneskesyn. Kerneværdierne er derfor forudsætninger for skolens demokratiske livssyn:

Dialog er udgangspunktet for, at elever og personale sammen lykkes med at lave god efterskole. Den ligeværdige samtale åbner verden og skaber den forbundethed, som er forudsætningen for trygge og positive rammer om efterskolelivet. Vi er hinandens forudsætning og vores relationer afgør, hvem vi er i fællesskabet.

Mangfoldighed viser sig som respekt for hinandens værd og forskellighed, så vi sammen kan skabe en demokratisk funderet skole. En skole, hvor den enkelte kan udvikle og dygtiggøre sig indenfor rammerne af et givende og forpligtende fællesskab. Elever og personale indgår i ligeværdige relationer, hvor værdien af at møde andre, der ikke nødvendigvis ligner en selv, er i fokus.

Medansvar betyder, at alle på Svendborg Efterskole udøver aktivt medborgerskab i store og små fællesskaber. Vi værdsætter initiativer til gavn for livet på skolen og verden omkring os. Alle har del i ansvaret for de aftryk, de sætter og indtryk, de gør på verden og hinanden.
Derfor har alle et medansvar for at efterskole livet giver plads til alle.

SKOLEN I DAG

Skolens hjemmeside

VISION

Svendborg Efterskoles vision er, at elever, der har gået på Svendborg Efterskole har lyst til at blande sig i samfundslivet og sætte dagsordenen. De er initiativrige og er blevet inspireret til at forvalte deres liv og hverdag ud fra demokratiske principper og værdier.

VISION

Svendborg Efterskoles vision er, at elever, der har gået på Svendborg Efterskole har lyst til at blande sig i samfundslivet og sætte dagsordenen. De er initiativrige og er blevet inspireret til at forvalte deres liv og hverdag ud fra demokratiske principper og værdier.

MISSION

Svendborg Efterskoles mission er at lave skole, der bygger på demokrati og medansvar. En skole med en ånd, som elever og ansatte tager til sig og værner om.

MISSION

Svendborg Efterskoles mission er at lave skole, der bygger på demokrati og medansvar. En skole med en ånd, som elever og ansatte tager til sig og værner om.

At det nu viser sig at skolen nu er på rette vej, kan kun glæde den gamle bestyrelse, det var jo det vi ville med efterskolen.

Det vi ville var, at skabe nogle bæredygtige rammer for den demokratiske og pædagogiske læring, som Jakob Andersen stod for.

Vi havde et ønske om at give skolen et levedygtigt fundament i disse skønne bygninger.

Desværre levede bestyrelsen ikke så længe, at den nåede at se dette ført ud i livet.

Jeg kan ikke lade være med at reflektere over de udfordringer og mål, der har præget den gamle skole og dens bestyrelser gennem tiderne. Denne bestyrelse havde en stærk vision om at skabe en bæredygtig og demokratisk læringsramme, som Jakob Andersen har repræsenteret. Vi håber, at skolen tager dette op til overvejelse.

Jeg er dog ked af at vores tidligere formand og holdkammerat Karen Merete Larsen (datter af skolens stifter, Jakob Andersen), ikke har været med på denne rejse, og kunne se sit fars livsværk i de nye rammer med nye muligheder.

Det er altid trist at se, når en bestyrelse ikke når at fuldføre sit arbejde på grund af interne problemer, som fortielser, manipulation og nepotisme.

Det har dog været opmuntrende at se, at den nuværende bestyrelse under Lennart Simonsens ledelse synes at bringe skolen i den retning, som den tidligere bestyrelse havde til hensigt.

Skolen viser, at den er åben for forandring og har sin berettigelse og kan tilfører nye aktiviteter som kan tiltrække de unge, selv efter svære tider.

Vi stræbte efter at blive "Fremtidens Digitale skole" og fokuserede på digital dannelse, som i dag er blevet mere relevant i dagens samfund, hvor teknologi spiller en central rolle i uddannelse og liv.

Det er også vigtigt at lære af fortiden og sørge for, at de værdier og principper, som skolen stod for, og blev oprettet på, fortsat bliver fremmet i fremtiden.

Forhåbentlig kan den nuværende bestyrelse bygge videre på det fundament, der er blevet lagt, og sikre, at skolen forbliver et sted for en demokratisk og pædagogisk læring.